Pedoman OECD tentang Tata Kelola Perusahaan bagi Badan Usaha Milik Negara 2024

OECD
BETTER POLICIES FOR BETTER LIVES

Penafian Kepengarangan: Pedoman OECD tentang Tata Kelola Perusahaan Untuk Badan Usaha Milik Negara tercantum dalam Lampiran Rekomendasi OECD tentang Pedoman Tata Kelola Perusahaan Badan Usaha Milik Negara [OECD/LEGAL/0414] yang diadopsi oleh Dewan OECD pada 8 Juli 2015 dan direvisi pada 3 Mei 2024. Untuk mengakses naskah resmi Rekomendasi tersebut, serta informasi terkait lainnya, silakan merujuk pada Compendium of OECD Legal Instruments di https://legalinstruments.oecd.org.

Dokumen ini, beserta data dan peta apa pun yang disertakan di sini, tidak mengurangi status atau kedaulatan atas wilayah mana pun terhadap penetapan batas-batas internasional, nama wilayah, nama kota atau nama daerah mana pun.

Silakan mengutip publikasi ini sebagai:
OECD (2025), *Pedoman OECD tentang Tata Kelola Perusahaan bagi Badan Usaha Milik Negara 2024*, OECD Publishing, Paris, https://doi.org/10.1787/effbdbef-id.

ISBN 978-92-64-78729-2 (cetak)
ISBN 978-92-64-53138-3 (PDF)
ISBN 978-92-64-72583-6 (HTML)

Dokumen asli diterbitkan oleh OECD dalam Bahasa Inggris dengan judul: OECD (2024), *OECD Guidelines on Corporate Governance of State-Owned Enterprises 2024*, OECD Publishing, Paris, https://doi.org/10.1787/18a24f43-en.
Dalam hal terdapat ketidaksesuaian antara karya asli dan terjemahan, hanya teks karya asli yang harus dianggap sah.

Kredit foto: Sampul © Together Creative.

Corrigenda untuk publikasi dapat ditemukan secara daring di: https://www.oecd.org/en/publications/support/corrigenda.html.

Prakata

Pedoman OECD tentang Tata Kelola Perusahaan untuk Badan Usaha Milik Negara (BUMN) (selanjutnya disebut Pedoman) merupakan standar internasional bagi para pembuat kebijakan dalam merancang kerangka kepemilikan dan tata kelola perusahaan yang efektif untuk BUMN. Sebagai pelengkap dari Prinsip Tata Kelola Perusahaan G20/OECD, pedoman ini bertujuan untuk mengatasi tantangan dan peluang unik yang dihadapi oleh kepemilikan Negara dengan mendorong transparansi, akuntabilitas, integritas, dan efisiensi dalam sektor BUMN. Pedoman ini telah menjadi fondasi utama bagi banyak Negara dalam mereformasi kerangka kelembagaan, hukum, dan regulasi mereka guna meningkatkan persaingan, meningkatkan profesionalisme dalam tata kelola kepemilikan, dan meningkatkan kinerja BUMN.

Revisi Pedoman tahun 2024 dibangun di atas pengalaman implementasi selama hampir dua dekade, dan bertujuan untuk meningkatkan ambisi serta relevansinya dengan mencerminkan standar dan *best practices* terbaru dari OECD. Seiring dengan meningkatnya peran BUMN dalam pasar, Pedoman yang telah direvisi ini berupaya memastikan adanya persaingan yang setara antara BUMN dan perusahaan swasta. Untuk menjamin tata kelola BUMN yang baik, Pedoman yang diperbarui menekankan pentingnya peran Negara sebagai pemilik yang aktif, memiliki pengetahuan, dan profesional. Hal ini mencakup definisi yang jelas mengenai alasan dan ekspektasi terhadap BUMN, khususnya yang terkait dengan tujuan kebijakan publik. Pedoman ini juga menekankan perlunya Dewan Komisaris yang memiliki kompetensi, integritas, dan objektivitas untuk menjalankan fungsinya; serta penerapan standar tinggi dalam hal transparansi, pengungkapan informasi, dan akuntabilitas kepada pemegang saham dan pemangku kepentingan lainnya.

Revisi ini mengakui peran penting yang dapat dimainkan oleh BUMN dan pemiliknya dalam menjadi referensi dalam hal keberlanjutan. Ini mencakup, bagi pemilik BUMN, integrasi pertimbangan keberlanjutan ke dalam kebijakan kepemilikan, dan bagi BUMN sendiri, penetapan tujuan keberlanjutan yang ambisius dan konkret, dengan tetap menerapkan manajemen risiko dan praktik usaha yang bertanggung jawab guna menjamin ketahanan dan penciptaan nilai jangka panjang.

Pedoman ini akan tetap menjadi alat yang berharga bagi pemerintah untuk mendorong praktik tata kelola yang transparan, akuntabel, dan berkelanjutan dalam sektor BUMN. OECD akan terus bekerja sama dengan seluruh Negara dan mitra untuk mendorong implementasi Pedoman ini secara global.

Mathias Cormann,

Sekretaris Jenderal OECD

Kata Pengantar

Pedoman OECD tentang Tata Kelola Perusahaan untuk BUMN merupakan standar internasional utama dalam tata kelola perusahaan bagi BUMN. Pedoman ini memberikan panduan bagi para pembuat kebijakan untuk mengevaluasi dan memperbaiki kerangka hukum, regulasi, dan kelembagaan terkait kepemilikan dan tata kelola BUMN. Pedoman ini mengidentifikasi fondasi utama untuk memastikan praktik kepemilikan dan tata kelola yang profesional, serta menawarkan panduan praktis untuk implementasi di tingkat nasional.

Pertama kali diadopsi pada tahun 2005 dan direvisi pada tahun 2015, Pedoman ini kembali diperbarui pada tahun 2024 seiring dengan perkembangan terbaru dalam tata kelola perusahaan serta untuk mencerminkan standar dan praktik terbaik terbaru dari OECD. Revisi ini diadopsi oleh Dewan Komisaris OECD pada tingkat Kementerian pada bulan Mei 2024 (Pedoman ini dituangkan dalam Rekomendasi OECD tentang Tata Kelola Perusahaan untuk BUMN [OECD/LEGAL/0414]). Pedoman ini melengkapi Prinsip Tata Kelola Perusahaan G20/OECD, serta Pedoman OECD tentang Anti-Korupsi dan Integritas di BUMN.

Pedoman yang direvisi bertujuan untuk memastikan bahwa BUMN berkontribusi terhadap keberlanjutan, ketahanan ekonomi, dan keamanan, dengan tetap menjaga kesetaraan kompetitif di tingkat global serta standar tinggi dalam integritas dan perilaku bisnis. Revisi ini mencakup satu bab baru berjudul “BUMN dan Keberlanjutan” yang memberikan rekomendasi tentang bagaimana BUMN dan pemiliknya dapat menjadi teladan dengan mempertimbangkan peluang dan risiko terkait iklim serta aspek keberlanjutan lainnya. Bab baru ini juga mengintegrasikan isi dari Bab V sebelumnya tentang “Hubungan dengan Pemangku Kepentingan dan Usaha yang Bertanggung Jawab”. Beberapa rekomendasi baru juga telah dimasukkan ke dalam bab-bab yang sudah ada, meskipun struktur utama Pedoman tetap tidak berubah. Selain itu, bagian “Lingkup dan Definisi” kini memberikan penjelasan lebih lanjut mengenai konsep dan istilah kunci yang relevan untuk penerapan Pedoman ini.

Revisi Pedoman tahun 2024 dilakukan oleh *OECD Working Party on State Ownership and Privatisation Practices*, yang diketuai oleh Charles Donald. Negara anggota dan mitra OECD turut berkontribusi secara aktif dalam proses peninjauan yang inklusif dan transparan. Kontribusi penting juga datang dari forum regional OECD tentang BUMN di Asia dan Amerika Latin, serta dari *Business at OECD* (BIAC) dan *Trade Union Advisory Committee* (TUAC). Proses tinjauan ini juga memperoleh masukan dari berbagai pemangku kepentingan dan komunitas kebijakan yang luas. Konsultasi publik daring dan konsultasi *hybrid* dengan pemangku kepentingan telah dilakukan, serta melibatkan para ahli dari organisasi internasional ternama, termasuk *International Monetary Fund* (IMF), *World Bank Group*, dan *European Bank for Reconstruction and Development* (EBRD).

OECD dan para pemangku kepentingan terkait akan berupaya untuk mempromosikan dan mengawasi penerapan efektif dari Pedoman yang telah diperbarui ini secara global. Upaya ini mencakup promosi dialog kebijakan mengenai implementasinya, pelaksanaan kajian Negara dan evaluasi oleh sesama Negara serta penerbitan laporan rutin berjudul *Ownership and Governance of State-Owned Enterprises* yang menilai penerapan Pedoman di berbagai Negara.

Dirgantara Reksa (Penasihat Senior), Vera Tjandrawinata (Penasihat Senior), dan Edric Kusuma (Analis Kebijakan) dari Kantor OECD Jakarta - dari Direktorat Hubungan dan Kerja Sama Global (GRC) - telah menelaah terjemahan Pedoman ke dalam bahasa Indonesia yang disediakan dari Pemerintah Republik Indonesia.

Daftar Isi

Tentang Pedoman Ini

Sebagian besar Negara dengan perekonomian maju dicirikan oleh pasar yang terbuka dan kompetitif yang berakar kuat pada supremasi hukum, dengan perusahaan swasta sebagai pelaku ekonomi utama. Namun, di beberapa Negara termasuk banyak Negara berkembang, BUMN mencakup bagian yang signifikan dari produk domestik bruto (PDB), lapangan kerja, dan kapitalisasi pasar. Bahkan di Negara-Negara di mana peran BUMN dalam perekonomian relatif kecil, mereka seringkali mendominasi sektor utilitas dan infrastruktur seperti energi, transportasi, telekomunikasi, dan dalam beberapa kasus juga sektor hidrokarbon, pertambangan, teknologi, dan keuangan. Oleh karena itu, kinerja BUMN sangat penting bagi berbagai lapisan masyarakat dan sektor bisnis lainnya. Tata kelola yang baik atas BUMN sangat krusial untuk memastikan kontribusi positif mereka terhadap tujuan kebijakan publik, pembangunan berkelanjutan (termasuk transisi menuju ekonomi rendah karbon), efisiensi ekonomi, dan daya saing.

Pengalaman menunjukkan bahwa pembangunan yang dipimpin oleh mekanisme pasar merupakan model yang paling efektif untuk alokasi sumber daya secara efisien. Sejumlah Negara kini tengah mereformasi cara mereka mengatur dan menjalankan kepemilikan atas BUMN, dan dalam banyak kasus menggunakan praktik terbaik internasional seperti Pedoman ini, sebagai acuan awal atau bahkan tolok ukur. Pedoman ini bertujuan untuk: (i) memprofesionalkan peran Negara sebagai pemilik; (ii) membuat BUMN beroperasi dengan efisiensi, transparansi, integritas, dan akuntabilitas sebagaimana perusahaan swasta yang menjalankan praktik yang baik; (iii) memastikan persaingan antara BUMN dan perusahaan swasta berlangsung di atas dasar yang setara; dan (iv) mendorong keberlanjutan, ketahanan, dan penciptaan nilai jangka panjang oleh BUMN.

Pedoman ini tidak membahas apakah suatu aktivitas sebaiknya berada dalam kepemilikan publik atau swasta, karena hal tersebut bergantung pada berbagai faktor yang terkait dengan kondisi ekonomi nasional dan pilihan kebijakan domestik. Namun, apabila pemerintah memutuskan untuk melakukan divestasi atas BUMN, maka tata kelola perusahaan yang baik, disertai tingkat transparansi dan integritas yang tinggi, menjadi prasyarat penting untuk privatisasi yang efektif secara ekonomi yang juga akan meningkatkan valuasi BUMN serta memperkuat hasil fiskal dari proses privatisasi.

Alasan di balik kepemilikan Negara atas perusahaan dapat berbeda-beda antar Negara dan sektor industri. Umumnya, alasan tersebut mencakup campuran antara kepentingan sosial, ekonomi, dan strategis. Contohnya meliputi tujuan kebijakan publik, pembangunan daerah dan pembangunan yang berkelanjutan, penyediaan barang dan jasa publik, serta keberadaan monopoli alami di mana kompetisi dianggap tidak layak. Dalam beberapa dekade terakhir, globalisasi pasar, perkembangan teknologi, dan deregulasi terhadap pasar-pasar yang sebelumnya bersifat monopolistik telah mendorong restrukturisasi sektor BUMN di banyak Negara. Selain itu, partisipasi BUMN dalam perdagangan dan investasi internasional telah meningkat secara signifikan. Jika sebelumnya BUMN hanya terfokus pada penyediaan infrastruktur dasar atau layanan publik di dalam negeri, kini kepemilikan Negara telah berkembang menjadi aktor penting di pasar global, termasuk di sektor-sektor strategis dan relevan dengan transisi menuju ekonomi rendah karbon. Perkembangan ini juga disertai dengan munculnya kendaraan investasi milik Negara dan perusahaan induk BUMN, yang menambah kompleksitas hubungan antara pemerintah dengan perusahaan-perusahaan yang mereka miliki. Perkembangan ini telah dikaji dalam berbagai laporan OECD yang menjadi masukan utama bagi Pedoman ini.

BUMN menghadapi sejumlah tantangan tata kelola yang khas. Di satu sisi, BUMN dapat mengalami campur tangan berlebihan dari pemilik atau kepentingan politik yang dapat menyebabkan garis tanggung jawab yang tidak jelas, kurangnya akuntabilitas dan integritas, serta kerugian efisiensi dalam operasional perusahaan. Di sisi lain, tidak adanya pengawasan akibat kepemilikan Negara yang terlalu pasif atau jauh dari operasional dapat melemahkan insentif bagi BUMN dan stafnya untuk bertindak demi kepentingan terbaik perusahaan dan masyarakat umum sebagai pemegang saham utama, serta meningkatkan kemungkinan munculnya perilaku yang mementingkan diri sendiri dari pihak internal perusahaan. Manajemen BUMN juga kerap terlindungi dari dua mekanisme pengawasan utama yang lazim di sektor swasta, yaitu kemungkinan pengambilalihan dan ancaman kebangkrutan. Pada tingkat Negara, penegakan hukum dan peraturan komersial terhadap BUMN juga menimbulkan tantangan tersendiri karena potensi gesekan antarlembaga pemerintah ketika regulator harus menindak entitas yang dimiliki oleh Negara. Tantangan tata kelola tambahan juga muncul ketika BUMN menjalankan peran kebijakan publik bersamaan dengan aktivitas komersial lainnya, atau ketika konsentrasi BUMN di sektor tertentu menjadikannya lebih rentan terhadap risiko dan peluang yang menuntut penerapan prinsip bisnis bertanggung jawab dan standar integritas yang tinggi sebagaimana diatur dalam standar OECD yang relevan.

Secara lebih mendasar, kesulitan dalam tata kelola perusahaan BUMN berasal dari rantai akuntabilitas yang kompleks atas kinerja BUMN, yang melibatkan banyak aktor (manajemen, Dewan Komisaris, *Ownership Entity*, kementerian, pemerintah, dan parlemen), tanpa pemilik utama yang jelas dan mudah diidentifikasi atau bahkan jauh dari realitas operasional. Setiap pihak juga memiliki potensi konflik kepentingan yang dapat mendorong pengambilan keputusan berdasarkan motif selain kepentingan terbaik perusahaan dan masyarakat umum sebagai pemiliknya. Untuk mengatasi jaringan akuntabilitas yang kompleks ini, dibutuhkan perhatian serius terhadap tiga prinsip utama yang juga penting dalam menciptakan lingkungan investasi yang menarik dan netralitas kompetitif, yaitu: transparansi, evaluasi, dan kebijakan yang koheren.

Pedoman Tata Kelola Perusahaan untuk BUMN ini pertama kali dikembangkan pada tahun 2005 untuk menjawab tantangan-tantangan di atas, dan direvisi pada tahun 2015. Pada tahun 2022, Komite Tata Kelola Perusahaan OECD meminta kelompok kerjanya yang menangani kepemilikan Negara dan praktik privatisasi untuk meninjau dan memperbarui instrumen ini dengan mempertimbangkan dinamika baru dalam lanskap tata kelola perusahaan, pengalaman hampir dua dekade penerapan, dan untuk memastikan bahwa pedoman ini tetap relevan dan sejalan dengan standar OECD lainnya. Sejumlah laporan sebelumnya telah mencatat perubahan dalam tata kelola dan pola kepemilikan BUMN di Negara-Negara anggota OECD dan Negara mitra sejak tahun 2005. Reformasi tersebut antara lain menghasilkan praktik kepemilikan yang lebih profesional dan aktif, penerapan standar transparansi dan akuntabilitas setara dengan perusahaan terbuka, serta pemberian otonomi dan independensi yang memadai kepada Dewan Komisaris untuk menciptakan nilai tambah. Meski terdapat praktik yang baik, tingkat implementasi Pedoman ini masih sangat bervariasi antar yurisdiksi. Berdasarkan hal ini, kelompok kerja menyimpulkan bahwa Pedoman ini tetap perlu menjadi standar internasional utama yang memberikan aspirasi tinggi bagi pemerintah dan menjadi panduan bagi para pembuat kebijakan dalam melakukan reformasi BUMN.

Pedoman ini bertujuan memberikan acuan yang kuat, aspiratif, dan fleksibel bagi para pembuat kebijakan untuk mengembangkan kerangka kepemilikan, tata kelola, dan peran BUMN di pasar. Pedoman ini bersifat tidak mengikat dan tidak dimaksudkan sebagai formula rinci untuk legislasi nasional. Pedoman ini bukanlah pengganti, dan tidak boleh dianggap mengesampingkan hukum dan peraturan domestik. Pedoman ini bertujuan mengidentifikasi praktik terbaik dan memberikan berbagai pendekatan dalam mencapai hasil yang diinginkan, yang biasanya melibatkan elemen kebijakan, peraturan, legislasi, aturan, pengaturan mandiri, dan komitmen sukarela. Implementasi Pedoman ini dalam suatu yurisdiksi akan bergantung pada konteks kebijakan, hukum, dan regulasi yang berlaku, ukuran dan karakteristik BUMN, orientasi komersialnya, serta faktor-faktor lain yang relevan.

Dalam menjalankan tanggung jawab kepemilikannya, pemerintah juga dapat memperoleh manfaat dari rekomendasi lainnya, khususnya Prinsip Tata Kelola Perusahaan G20/OECD yang telah direvisi [OECD/LEGAL/0413] dan Pedoman OECD tentang *Anti-Corruption and Integrity* (ACI) di BUMN

[OECD/LEGAL/0451]. Pedoman ini dimaksudkan untuk melengkapi Prinsip dan Pedoman ACI, serta sepenuhnya selaras dengannya. Instrumen hukum OECD lainnya yang relevan termasuk Deklarasi OECD tentang Investasi Internasional dan Perusahaan Multinasional [OECD/LEGAL/0144], yang mencakup Pedoman OECD untuk Perusahaan Multinasional mengenai Perilaku Bisnis Bertanggung Jawab; serta Rekomendasi OECD tentang Netralitas Kompetitif [OECD/LEGAL/0462]. Panduan tambahan juga dapat diperoleh dari sumber lain seperti OECD Policy Framework for Investment dan *OECD Competition Assessment Toolkit*. Pedoman ini memberikan arahan tentang bagaimana pemerintah dapat memastikan bahwa BUMN memiliki tingkat akuntabilitas kepada publik setara dengan perusahaan terbuka terhadap pemegang sahamnya.

Bagian selanjutnya dari dokumen ini terbagi dalam dua bagian utama. Bagian pertama memuat Pedoman yang terbagi dalam bab-bab berikut: I) Alasan Kepemilikan Negara; II) Peran Negara sebagai Pemilik; III) BUMN dalam Pasar; IV) Perlakuan Setara bagi Pemegang Saham dan Investor Lain; V) Pengungkapan, Transparansi, dan Akuntabilitas; VI) Komposisi dan Tanggung Jawab Dewan Komisaris BUMN; dan VII) BUMN dan Keberlanjutan. Setiap bab dimulai dengan satu butir pedoman utama (dalam cetak miring tebal), diikuti oleh sejumlah pedoman pendukung dan sub-pedoman (dalam cetak tebal).

Bagian kedua memuat anotasi yang menjelaskan butir-butir Pedoman dan sub-pedomannya untuk membantu pembaca memahami alasan di baliknya. Anotasi ini juga mencakup uraian tentang tren dominan atau tren yang tengah berkembang, serta menyajikan berbagai metode dan contoh implementasi yang dapat berguna dalam mengoperasionalkan Pedoman. Pedoman ini juga diperkuat dengan panduan implementasi yang lebih rinci sebagaimana terdapat dalam berbagai laporan dan publikasi OECD.

Ruang Lingkup dan Definisi

Pedoman ini ditujukan kepada pemerintah dan para pejabat pemerintah yang memiliki tanggung jawab atas kepemilikan Negara. Pedoman ini juga dapat memberikan panduan yang berguna bagi Dewan Komisaris pengawas dan manajemen BUMN, serta pemangku kepentingan terkait. Pedoman ini memuat rekomendasi mengenai tata kelola masing-masing BUMN, serta praktik kepemilikan Negara dan lingkungan hukum serta regulasi di mana BUMN beroperasi.

Pedoman ini berlaku secara umum bagi BUMN, baik yang beroperasi secara domestik maupun internasional. Pedoman ini mengakui bahwa tidak ada satu pendekatan yang berlaku untuk semua, dan tradisi hukum serta administratif yang berbeda dapat memerlukan pengaturan yang berbeda pula. Oleh karena itu, pedoman ini berbasis pada hasil (*outcomes-based*), yang berarti pemerintah memiliki peran untuk menentukan cara mencapai hasil-hasil yang direkomendasikan. Bagian ini meninjau sejumlah pertanyaan dan isu yang perlu dijawab oleh badan pemerintah yang memiliki tanggung jawab atas kepemilikan Negara untuk menentukan relevansi dan penerapan pedoman ini.

Definisi di bawah ini disediakan semata-mata untuk keperluan penerapan pedoman ini.

Definisi

Definisi BUMN: Setiap badan usaha yang diakui oleh hukum nasional sebagai perusahaan, dan di mana Negara menjalankan kepemilikan atau kendali, harus dianggap sebagai BUMN. Ini termasuk perseroan terbuka, perseroan terbatas, dan persekutuan terbatas saham. Selain itu, badan hukum Negara yang dibentuk melalui undang-undang khusus harus dianggap sebagai BUMN apabila tujuan dan aktivitasnya, atau sebagian besar aktivitasnya, bersifat ekonomi.

Kepemilikan atau Kendali: Pedoman ini berlaku bagi BUMN yang dimiliki dan/atau dikendalikan oleh Negara. Kepemilikan mencakup kepemilikan mayoritas langsung dan, selama terdapat kendali, termasuk bentuk kepemilikan langsung dan tidak langsung lainnya. Kendali dapat dilakukan apabila *Ownership Entity* (atau beberapa *Ownership Entity* yang bertindak bersama-sama):

- merupakan pemilik manfaat akhir dari mayoritas hak suara; atau
- menjalankan tingkat kendali yang setara.

Tingkat kendali yang setara dapat berasal dari berbagai pengaturan hukum atau fakta yang memberikan pengaruh yang menentukan. Ini mencakup ketentuan hukum, anggaran dasar perusahaan, atau pengaturan berdasarkan hukum privat maupun publik yang menjamin kendali Negara yang berkelanjutan terhadap perusahaan, termasuk hak veto atas keputusan penting yang dilakukan oleh Negara. Contohnya, apabila Negara memiliki kewenangan untuk menunjuk mayoritas anggota Dewan Komisaris pengawas atau badan setara, atau badan yang memiliki wewenang untuk menunjuk Direktur Utama, atau mengendalikan keputusan strategis perusahaan melalui cara lain. Kendali juga dapat dilakukan melalui penggunaan preferensial dan jangka panjang atas hak kepemilikan atau penggunaan sebagian besar aset perusahaan, serta dalam kasus luar biasa, melalui hak atau kontrak yang memberikan pengaruh menentukan atas keputusan komersial atau lainnya.

Pengaruh Negara harus dinilai berdasarkan kasus per kasus dengan mempertimbangkan semua kondisi spesifik. Misalnya, apakah hak khusus, saham, atau ketentuan hukum (dalam beberapa yurisdiksi dikenal sebagai "*golden share*") memberikan kendali tergantung pada tingkat kekuasaan yang diberikan kepada Negara. Kepemilikan minoritas oleh Negara juga dapat dianggap sebagai bentuk kendali jika terdapat faktor tambahan yang menunjukkan bahwa perusahaan dikendalikan oleh Negara, seperti struktur kepemilikan atau perjanjian antar pemegang saham yang memberikan pengaruh efektif kepada Negara. Hak monopoli yang diberikan Negara kepada suatu perusahaan juga dapat menciptakan kendali *de facto*. Sebaliknya, pengaruh Negara terhadap keputusan perusahaan yang dilakukan melalui regulasi *bona fide* umumnya tidak dianggap sebagai bentuk kendali.

Badan usaha yang tidak termasuk dalam kriteria di atas, dan di mana Negara hanya memiliki hak suara secara tidak langsung melalui manajer aset atau investor institusional seperti dana pensiun, juga tidak dianggap sebagai BUMN. Untuk tujuan pedoman ini, badan usaha yang dimiliki atau dikendalikan oleh pemerintah untuk jangka waktu terbatas dan terdefinisi secara jelas akibat kebangkrutan, likuidasi, kurator, atau pengelolaan sementara, pada umumnya tidak dianggap sebagai BUMN. Beragam bentuk kendali Negara akan menimbulkan isu tata kelola yang berbeda pula. Sepanjang pedoman ini, istilah "dimiliki oleh Negara" dipahami mencakup dimiliki atau dikendalikan, dan istilah BUMN mencakup badan usaha yang dimiliki atau dikendalikan oleh Negara, kecuali dinyatakan sebaliknya.

Struktur Kelompok Usaha BUMN juga dapat dimiliki atau dikendalikan oleh Negara melalui struktur kelompok usaha seperti induk BUMN atau entitas hukum sejenis, atau perusahaan induk yang dimiliki Negara. Penentuan kendali dalam struktur kelompok usaha harus dianalisis pada setiap lapisan dan dapat memerlukan penilaian mendalam. Dalam struktur ini, hak induk BUMN serupa dengan hak yang dimiliki oleh induk perusahaan swasta terhadap anak perusahaannya. Dalam kasus seperti ini, ketentuan dalam pedoman yang menyebut "Ownership Entity" berlaku terhadap induk BUMN, bukan langsung kepada Negara. Hal ini dijelaskan lebih lanjut dalam anotasi.

Aktivitas Ekonomi adalah aktivitas yang melibatkan penyediaan barang atau jasa di pasar tertentu, dan yang secara prinsip dapat dilakukan oleh pelaku swasta untuk mendapatkan keuntungan. Struktur pasar (apakah bersifat kompetitif, oligopoli, atau monopoli) bukanlah faktor yang menentukan untuk menetapkan apakah suatu aktivitas bersifat ekonomi. Biaya wajib yang dikenakan oleh pemerintah biasanya tidak dianggap sebagai penjualan barang dan jasa di pasar. Aktivitas ekonomi umumnya berlangsung di pasar di mana terdapat persaingan atau potensi persaingan sesuai hukum dan regulasi yang berlaku.

Pertimbangan Komersial Pertimbangan komersial mencakup hal-hal seperti harga, kualitas, ketersediaan, daya jual, transportasi, dan syarat-syarat pembelian atau penjualan lainnya, serta faktor-faktor lain yang biasanya dipertimbangkan dalam pengambilan keputusan komersial oleh perusahaan swasta atau perusahaan lain yang beroperasi secara berorientasi pasar dalam sektor usaha terkait.

Tujuan Kebijakan Publik adalah tujuan yang memberikan manfaat bagi kepentingan umum dalam yurisdiksi terkait. Ini dapat mencakup kewajiban layanan publik maupun kewajiban khusus lain dalam kepentingan umum, yang ditetapkan selain dari tujuan kinerja keuangan. Dalam banyak kasus, tujuan kebijakan publik bisa saja dicapai melalui lembaga pemerintah, tetapi diberikan kepada BUMN karena alasan efisiensi atau lainnya.

Kewajiban Layanan Publik (Public Service Obligations / "PSO") adalah kewajiban yang dibebankan kepada penyedia layanan publik untuk memastikan bahwa pengguna memiliki akses yang memadai terhadap layanan ekonomi atau sosial yang penting, yang tidak akan disediakan oleh pasar, atau tidak disediakan secara cukup jika berdasarkan pertimbangan komersial. Desain dan mekanisme pelaksanaan PSO sangat bervariasi antar yurisdiksi, namun dapat berupa kewajiban layanan universal dan/atau keterjangkauan biaya yang dibebankan kepada penyedia layanan publik.

Badan Pengurus BUMN Struktur dan prosedur Dewan bervariasi baik di dalam suatu Negara maupun antar yurisdiksi. Beberapa yurisdiksi memiliki struktur Dewan dua tingkat (two-tier board) yang memisahkan fungsi pengawasan (non-eksekutif) dan manajemen ke dalam dua badan berbeda. Sistem seperti ini biasanya memiliki "Dewan Komisaris" yang terdiri dari anggota non-eksekutif, sering kali termasuk perwakilan pekerja, dan "Dewan Direksi" yang sepenuhnya terdiri dari eksekutif. Sementara itu, yurisdiksi lain menggunakan sistem satu Tingkat (unitary board) yang menggabungkan direktur eksekutif dan non-eksekutif dalam satu badan.

Pedoman ini tidak mengutamakan satu struktur Dewan tertentu, karena keduanya dapat mendukung tercapainya rekomendasi yang berorientasi pada hasil sebagaimana dimuat dalam pedoman ini. Pedoman ini dimaksudkan untuk berlaku pada struktur Dewan apa pun yang bertanggung jawab atas fungsi pengawasan perusahaan dan pemantauan manajemen.

Dalam sistem dua tingkat yang lazim di beberapa yurisdiksi, istilah "Dewan" dalam pedoman ini mengacu pada "Dewan Komisaris", sedangkan "eksekutif utama" mengacu pada "Dewan Direksi".

Banyak Dewan Komisaris menyertakan anggota yang "independen", namun ruang lingkup dan definisi independensi sangat bervariasi tergantung pada konteks hukum nasional dan kode tata kelola perusahaan. Secara umum, anggota Dewan Komisaris independen adalah individu yang bebas dari kepentingan material apa pun (termasuk imbalan langsung atau tidak langsung dari perusahaan atau grupnya selain honorarium Dewan Komisaris); atau bebas dari hubungan dengan perusahaan (anggota Dewan Komisaris non-eksekutif), Negara (bukan pegawai negeri sipil, pejabat publik, atau pejabat terpilih), manajemen, dan pemegang saham utama lainnya, serta dengan lembaga atau kelompok kepentingan yang memiliki kepentingan langsung terhadap kegiatan BUMN dan yang dapat menimbulkan konflik kepentingan serta mengganggu objektivitas penilaian mereka.

Anggota Dewan Komisaris independen harus dipilih berdasarkan merit, memiliki pola pikir independen, dan kompetensi yang memadai untuk menjalankan tugas Dewan Komisaris.

Istilah "ketua" (*chair*) dalam pedoman ini mengacu pada ketua Dewan dalam sistem satu tingkat dan Komisaris Utama dalam sistem dua tingkat. Sedangkan Direktur Utama secara umum merupakan eksekutif tertinggi perusahaan (dalam sistem dua tingkat), yang bertanggung jawab atas operasional perusahaan dan pelaksanaan strategi perusahaan. Direktur Utama harus bertanggung jawab kepada Dewan Komisaris dalam sistem satu tingkat dan kepada Dewan Komisaris pengawas dalam sistem dua tingkat.

BUMN Terdaftar di Bursa Efek Beberapa bagian dalam pedoman ini secara khusus ditujukan bagi "BUMN yang terdaftar di Bursa Efek". Istilah ini merujuk pada BUMN yang sahamnya diperdagangkan secara publik. Di beberapa yurisdiksi, BUMN yang menerbitkan saham preferen, surat utang yang diperdagangkan di bursa, dan/atau instrumen keuangan serupa juga dapat dianggap sebagai BUMN yang terdaftar di Bursa Efek.

Penerapan pedoman ini pada BUMN tercatat juga harus memastikan keselarasan dengan Prinsip Tata Kelola Perusahaan G20/OECD serta kerangka tata kelola perusahaan yang berlaku untuk perusahaan tercatat.

Ownership Entity adalah bagian dari Negara yang bertanggung jawab atas fungsi kepemilikan, atau pelaksanaan hak kepemilikan, atau kendali terhadap BUMN. Ownership Entity dapat berupa lembaga kepemilikan tunggal milik Negara, lembaga koordinasi, kementerian, atau entitas publik lain yang bertanggung jawab menjalankan fungsi kepemilikan Negara. Negara juga dapat menjalankan kepemilikan atau kendalinya melalui struktur perusahaan, seperti perusahaan induk milik Negara (State-Owned Holding Companies/SOHCs).

Sepanjang pedoman dan anotasi, istilah *Ownership Entity* digunakan tanpa mengurangi hak Negara dalam memilih model kepemilikan. Bila suatu Negara belum menetapkan lembaga pemerintah atau SOHC sebagai entitas utama kepemilikan, hal ini tidak menghalangi pelaksanaan rekomendasi lainnya, kecuali dinyatakan sebaliknya.

Pemangku Kepentingan Istilah pemangku kepentingan (stakeholders) umumnya merujuk pada pihak-pihak non-pemegang saham, termasuk tenaga kerja, kreditor, pelanggan, pemasok, dan komunitas yang terdampak.

Penerapan Pedoman

Pedoman ini berlaku bagi semua BUMN yang menjalankan aktivitas ekonomi, termasuk bank milik Negara dan lembaga keuangan Negara lainnya. Aktivitas yang dilakukan untuk kepentingan umum tanpa orientasi laba atau hanya berdasarkan pemulihan biaya umumnya tidak dianggap sebagai aktivitas ekonomi. Penerapan pedoman ini sebaiknya didasarkan pada prinsip fleksibilitas dan proporsionalitas, dengan mempertimbangkan ukuran BUMN, kondisi khusus, dan tingkat orientasi komersialnya. Secara umum, pedoman ini tidak berlaku bagi entitas yang tujuannya menjalankan fungsi pemerintahan umum (misalnya bank sentral, badan regulator), meskipun entitas tersebut memiliki bentuk hukum perusahaan. BUMN yang semata-mata menjalankan kewajiban layanan publik hanya diharapkan untuk menerapkan ketentuan pedoman yang relevan, khususnya yang berkaitan dengan tata kelola, keberlanjutan, integritas, dan transparansi. Sebagai prinsip umum, entitas yang bertanggung jawab atas fungsi kepemilikan terhadap perusahaan yang berada di bawah tingkat pemerintahan sub-nasional juga sebaiknya berupaya menerapkan sebanyak mungkin rekomendasi dalam pedoman ini, termasuk dalam hal persaingan usaha yang adil di pasar.

I. Alasan Kepemilikan oleh Negara

Negara menjalankan kepemilikan atas BUMN demi kepentingan masyarakat umum. Negara seharusnya secara cermat mengevaluasi dan mengungkapkan alasan yang menjadi dasar kepemilikan tersebut, serta meninjau ulang alasan-alasan tersebut secara berkala.

I.A. Tujuan utama dari kepemilikan Negara atas perusahaan haruslah untuk memaksimalkan nilai jangka panjang bagi masyarakat, secara efisien dan berkelanjutan.

I.B. Pemerintah harus mengembangkan kebijakan kepemilikan. Kebijakan tersebut antara lain harus menetapkan alasan dan tujuan umum kepemilikan Negara, peran Negara dan pemegang saham lain dalam tata kelola BUMN, cara Negara mengimplementasikan kebijakan kepemilikannya, serta peran dan tanggung jawab masing-masing instansi pemerintah yang terlibat dalam implementasi tersebut.

I.C. Kebijakan kepemilikan harus tunduk pada prosedur akuntabilitas yang sesuai kepada badan perwakilan yang relevan dan diumumkan kepada publik. Pemerintah harus meninjau kebijakan kepemilikannya secara berkala dan mengevaluasi pelaksanaannya.

I.D. Negara harus mendefinisikan alasan kepemilikan untuk masing-masing BUMN dan meninjau ulang secara berkala. Alasan kepemilikan dan tujuan kebijakan publik yang harus dicapai oleh BUMN secara individu atau kelompok harus dikaitkan secara jelas dengan lini bisnis utama mereka, diberikan mandat oleh otoritas terkait, dan diungkapkan secara terbuka.

II. Peran Negara sebagai Pemilik

Negara seharusnya bertindak sebagai pemilik yang aktif dan memiliki pengetahuan, memastikan bahwa tata kelola BUMN dijalankan secara transparan dan akuntabel, dengan tingkat profesionalisme dan efektivitas yang tinggi.

II.A. Pemerintah sebaiknya menyederhanakan dan menyeragamkan bentuk hukum yang digunakan oleh BUMN dalam beroperasi. Praktik operasional BUMN harus mengikuti norma-norma korporasi yang lazim diterima secara umum.

II.B. Negara harus secara jelas mendefinisikan ekspektasi sebagai pemilik, memberikan BUMN otonomi operasional penuh untuk mencapainya, dan tidak melakukan intervensi terhadap manajemen BUMN. Negara sebagai pemegang saham hanya boleh menetapkan ulang ekspektasi terhadap BUMN secara transparan dan dalam hal terdapat perubahan misi yang mendasar.

II.C. Negara perlu memberikan keleluasaan bagi Dewan Komisaris BUMN menjalankan tanggung jawabnya dan menghormati independensinya. *Ownership Entity* harus membangun dan memelihara kerangka komunikasi yang sesuai dengan badan pengelola tertinggi BUMN, umumnya melalui Komisaris Utama.

II.D. Pelaksanaan hak kepemilikan harus diidentifikasi dengan jelas dalam struktur administrasi Negara dan sebaiknya dipusatkan dalam satu *Ownership Entity*. Jika hal ini tidak memungkinkan, maka fungsi-fungsi kepemilikan yang relevan harus dikoordinasikan oleh suatu badan yang ditunjuk secara khusus dengan mandat yang jelas untuk bertindak atas nama keseluruhan pemerintahan.

II.E. *Ownership Entity* harus memiliki kapasitas dan kompetensi untuk menjalankan tugasnya secara efektif, serta harus bertanggung jawab kepada badan perwakilan yang relevan. Entitas ini harus memiliki hubungan yang jelas dan transparan dengan entitas publik terkait lainnya.

II.F. Negara harus bertindak sebagai pemilik yang aktif dan memiliki informasi memadai, serta menjalankan hak kepemilikannya sesuai dengan struktur hukum masing-masing perusahaan dan berdasarkan tingkat kepemilikan atau pengendaliannya. Tanggung jawab utama *Ownership Entity* meliputi:

> **II.F.1.** Hadir dalam Rapat Umum Pemegang Saham (RUPS) dan secara efektif menjalankan hak suara.
>
> **II.F.2.** Menetapkan dan menjaga proses nominasi Dewan Komisaris yang terstruktur dengan baik, berbasis merit, dan transparan; secara aktif berpartisipasi dalam nominasi seluruh anggota Dewan Komisaris BUMN; serta mendorong keberagaman gender dan bentuk keberagaman lainnya dalam Dewan Komisaris dan manajemen.
>
> **II.F.3.** Menetapkan dan memantau pelaksanaan mandat serta ekspektasi umum bagi BUMN, termasuk target keuangan, tujuan struktur permodalan, tingkat toleransi risiko, dan aspek keberlanjutan yang sejalan dengan alasan kepemilikan Negara.
>
> **II.F.4.** Membangun sistem pelaporan yang memungkinkan *Ownership Entity* secara rutin memantau dan menilai kinerja BUMN, serta mengawasi dan memantau kepatuhan mereka

terhadap standar tata kelola perusahaan yang berlaku, termasuk dengan memanfaatkan teknologi digital.

II.F.5. Menetapkan pedoman keterbukaan informasi untuk BUMN guna memastikan akuntabilitas publik melalui pengungkapan informasi yang relevan, saluran yang jelas, dan standar kualitas yang dapat dipertanggungjawabkan.

II.F.6. Memastikan keterlibatan aktif dengan auditor eksternal dan otoritas pengawasan, sesuai kewenangan hukum dan proporsi kepemilikan Negara

II.F.7. Memastikan bahwa hak kepemilikan dijalankan secara terkoordinasi ketika hak tersebut dialokasikan kepada beberapa *Ownership Entity* yang bertindak bersama.

II.F.8. Menetapkan kebijakan remunerasi yang menyeluruh dan transparan untuk Dewan Komisaris BUMN, yang mendorong kepentingan jangka menengah dan panjang perusahaan, serta mampu menarik dan memotivasi profesional yang berkualifikasi.

III. Aktivitas Ekonomi BUMN di Pasar

Sesuai dengan alasan kepemilikan Negara, kerangka hukum, regulasi, dan kebijakan bagi BUMN harus memastikan adanya kesetaraan level persaingan dan kompetisi yang adil di pasar ketika BUMN menjalankan kegiatan ekonomi.

III.A. Harus terdapat pemisahan yang jelas antara fungsi kepemilikan Negara dan fungsi Negara lainnya yang dapat memengaruhi kondisi pasar bagi BUMN, khususnya terkait regulasi pasar dan perumusan kebijakan.

III.B. Pemangku kepentingan dan pihak lain yang berkepentingan, termasuk para pesaing, harus memiliki akses terhadap mekanisme penyelesaian sengketa yang efisien melalui proses hukum, mediasi, atau arbitrase yang tidak memihak apabila mereka merasa haknya telah dilanggar. Bentuk hukum BUMN harus memungkinkan BUMN untuk mengajukan prosedur kepailitan serta memberikan hak bagi kreditur untuk menagih klaim mereka.

III.C. Ketika BUMN melaksanakan kewajiban pelayanan public (PSO), kewajiban tersebut harus diidentifikasi secara transparan dan spesifik, guna memungkinkan atribusi biaya dan pendapatan yang akurat. Secara khusus:

> **III.C.1.** Standar tinggi transparansi dan pengungkapan terhadap biaya dan pendapatan harus dijaga.
>
> **III.C.2.** Biaya bersih terkait pelaksanaan kewajiban pelayanan publik harus didanai secara terpisah, proporsional, dan terbuka, guna memastikan bahwa kompensasi tidak digunakan untuk subsidi silang.

III.D. Sebagai aturan umum, BUMN tidak seharusnya digunakan untuk mensubsidi atau memberikan keuntungan kepada entitas komersial lainnya. Jika BUMN digunakan untuk menyalurkan dukungan sesuai dengan tujuan kebijakan publik, maka perlu dipastikan bahwa: (i) langkah dukungan tersebut konsisten dengan aturan persaingan usaha dan perdagangan yang berlaku; (ii) bentuk dukungan dan sumber pendanaannya didefinisikan dengan jelas dan diumumkan secara terbuka; serta (iii) langkah dukungan tersebut tidak menyebabkan kerugian yang tidak adil terhadap entitas komersial lainnya.

III.E. Negara tidak boleh memberikan pengecualian kepada BUMN, ketika menjalankan aktivitas ekonomi, dari penerapan dan penegakan hukum, regulasi, serta mekanisme berbasis pasar; dan harus memastikan netralitas dalam hal pajak, utang, dan regulasi guna mencegah diskriminasi yang tidak semestinya antara BUMN dan para pesaingnya.

III.F. Aktivitas ekonomi BUMN harus dijalankan dalam kondisi yang konsisten dengan mekanisme pasar, termasuk dalam hal pembiayaan utang dan ekuitas. Secara khusus:

> **III.F.1.** Semua hubungan bisnis BUMN, termasuk dengan lembaga keuangan, harus dilakukan berdasarkan pertimbangan komersial murni.
>
> **III.F.2.** Aktivitas ekonomi BUMN tidak boleh menerima atau memberikan dukungan keuangan langsung maupun tidak langsung yang memberikan keuntungan dibandingkan pesaing swasta, seperti pembiayaan utang atau ekuitas dengan syarat istimewa, jaminan, perlakuan pajak yang longgar, atau kredit perdagangan yang preferensial.

III.F.3. Aktivitas ekonomi BUMN tidak boleh menerima atau memberikan input non-keuangan seperti barang, energi, air, properti, akses data, lahan, tenaga kerja, atau bentuk pengaturan lain (seperti hak lintas atau konsesi) dengan harga atau ketentuan yang lebih menguntungkan dibandingkan yang tersedia bagi pesaing swasta.

III.F.4. Aktivitas ekonomi BUMN seharusnya diwajibkan menghasilkan tingkat pengembalian investasi yang berkelanjutan dan sebanding dengan yang diperoleh oleh perusahaan swasta yang bersaing dalam kondisi serupa, kecuali untuk pelaksanaan kewajiban pelayanan publik.

III.G. Ketika BUMN terlibat dalam proses pengadaan publik, baik sebagai peserta tender maupun sebagai penyelenggara pengadaan, prosedurnya harus terbuka, kompetitif, berdasarkan kriteria seleksi yang adil dan objektif, mendorong keragaman pemasok, serta dijaga dengan standar integritas dan transparansi yang memadai, guna memastikan bahwa BUMN dan para pemasok atau pesaing potensialnya tidak menerima keuntungan atau kerugian yang tidak semestinya.

III.H. Ketika aktivitas ekonomi BUMN memengaruhi perdagangan, investasi, atau persaingan, maka seluruh aktivitas bisnis selain pelaksanaan kewajiban pelayanan publik harus dilakukan berdasarkan pertimbangan komersial. Aktivitas tersebut juga harus dijalankan sesuai dengan prinsip bisnis yang bertanggung jawab dan standar integritas yang tinggi.

IV. Perlakuan Setara terhadap Pemegang Saham dan Investor Lain

Jika BUMN terdaftar di bursa atau memiliki pemegang saham selain Negara, maka Negara dan perusahaan tersebut harus mengakui hak semua pemegang saham, termasuk pemegang saham minoritas dan asing, serta memastikan perlakuan yang adil dan akses yang setara terhadap informasi perusahaan bagi semua pemegang saham.

IV.A. Negara sebaiknya berupaya untuk mengimplementasikan secara penuh G20/OECD *Principles of Corporate Governance* ketika Negara bukan satu-satunya pemilik BUMN, dan menerapkan semua bagian yang relevan ketika Negara adalah satu-satunya pemilik BUMN. Terkait perlindungan pemegang saham, ini mencakup:

IV.A.1. Negara dan BUMN harus memastikan bahwa semua pemegang saham diperlakukan secara adil.

IV.A.2. BUMN harus menjunjung tinggi transparansi yang tinggi, termasuk penyampaian informasi yang setara dan serentak kepada semua pemegang saham.

IV.A.3. BUMN harus mengembangkan kebijakan komunikasi dan konsultasi aktif dengan semua pemegang saham.

IV.A.4. Partisipasi dan pelaksanaan hak suara atau hak lainnya dari seluruh pemegang saham, termasuk pemegang saham minoritas, dalam RUPS harus difasilitasi agar mereka dapat berperan dalam pengambilan keputusan penting perusahaan seperti pemilihan anggota Dewan Komisaris. RUPS yang memungkinkan partisipasi jarak jauh harus diizinkan oleh yurisdiksi sebagai sarana untuk mempermudah dan menurunkan biaya partisipasi serta keterlibatan pemegang saham. Rapat semacam itu harus diselenggarakan dengan cara yang menjamin akses informasi dan kesempatan partisipasi yang setara bagi semua pemegang saham.

IV.A.5. Transaksi antara Negara dan BUMN, serta antar-BUMN, harus dilakukan berdasarkan ketentuan yang sesuai dengan prinsip pasar.

IV.B. Kode tata kelola perusahaan nasional harus dipatuhi oleh semua BUMN yang terdaftar di bursa, dan sejauh mungkin juga oleh BUMN yang tidak terdaftar.

IV.C. Jika BUMN memiliki kewajiban untuk menjalankan tujuan kebijakan publik yang dapat berdampak signifikan terhadap kinerja, hasil, dan keberlanjutan perusahaan, maka informasi yang memadai tentang hal tersebut harus tersedia bagi publik dan pemegang saham non-Negara setiap saat.

IV.D. Ketika BUMN terlibat dalam proyek kerja sama seperti usaha patungan (joint venture) dan kemitraan pemerintah-swasta (Public-Private Partnership/PPP), para pihak yang terlibat dalam kontrak harus menjamin bahwa hak dan kewajiban kontraktual dihormati dan setiap sengketa diselesaikan secara tepat waktu dan objektif.

V. Pengungkapan, Transparansi, dan Akuntabilitas

BUMN harus menjunjung standar tinggi dalam hal transparansi, akuntabilitas, dan integritas, serta tunduk pada standar akuntansi, pengungkapan, kepatuhan, dan audit berkualitas tinggi yang setara dengan perusahaan publik.

V.A. BUMN harus melaporkan dan mengungkapkan seluruh hal material terkait perusahaan, sesuai dengan standar akuntansi dan pengungkapan internasional yang berkualitas tinggi dan diakui secara global, termasuk pada aspek-aspek yang menjadi perhatian penting bagi Negara sebagai pemilik maupun bagi masyarakat umum. Saluran penyampaian informasi harus memberikan akses publik yang gratis dan tepat waktu. Dengan mempertimbangkan kapasitas dan ukuran perusahaan, contoh informasi yang perlu diungkap meliputi:

V.A.1. Pernyataan yang jelas kepada publik mengenai tujuan perusahaan dan tingkat pencapaiannya, termasuk mandat yang diharapkan oleh *State Ownership Entity*.

V.A.2. Hasil keuangan dan operasional perusahaan, termasuk bila relevan, biaya dan pengaturan pendanaan terkait kewajiban pelayanan publik.

V.A.3. Struktur tata kelola, kepemilikan, serta struktur hukum dan hak suara perusahaan atau grup, termasuk anak perusahaan signifikan, serta isi dari kode atau kebijakan tata kelola perusahaan dan proses implementasinya.

V.A.4. Remunerasi bagi anggota Dewan Komisaris dan eksekutif utama.

V.A.5. Komposisi Dewan Komisaris dan anggotanya, termasuk kualifikasi, proses seleksi, kebijakan keberagaman, peran di perusahaan lain atau di pemerintahan, serta, jika relevan, status sebagai anggota independen.

V.A.6. Faktor risiko material yang dapat diperkirakan serta langkah-langkah yang diambil untuk mengelolanya.

V.A.7. Setiap bantuan keuangan langsung atau tidak langsung, termasuk jaminan, yang diterima dari Negara serta komitmen yang dibuat atas nama BUMN, termasuk komitmen kontraktual dan kewajiban yang timbul dari kemitraan pemerintah-swasta maupun partisipasi dalam usaha patungan.

V.A.8. Setiap transaksi material dengan Negara dan entitas terkait lainnya.

V.A.9. Informasi mengenai kewajiban material seperti kontrak utang, termasuk risiko ketidakpatuhan terhadap klausul-klausul perjanjian.

V.A.10. Informasi terkait keberlanjutan.

V.B. BUMN harus memiliki sistem manajemen risiko untuk mengidentifikasi, mengelola, mengendalikan, dan melaporkan risiko. Sistem manajemen risiko harus dianggap sebagai bagian integral dari pencapaian tujuan dan mencakup seperangkat pengendalian internal, program atau tindakan etika dan kepatuhan yang koheren dan komprehensif.

V.C. BUMN harus membentuk fungsi audit internal yang memiliki kapasitas, independensi, dan profesionalisme yang memadai untuk menjalankan tugasnya secara optimal. Fungsi ini harus diawasi dan melapor langsung kepada Dewan Komisaris serta komite audit atau organ setara bila ada.

V.D. Audit eksternal tahunan harus dilakukan oleh auditor independen yang kompeten dan berkualifikasi sesuai dengan standar audit, etika, dan independensi yang diakui secara internasional, guna memberikan keyakinan wajar kepada Dewan Komisaris dan pemegang saham bahwa laporan keuangan BUMN disusun secara wajar sesuai dengan kerangka pelaporan keuangan yang berlaku.

V.E. *Ownership Entity* harus mengembangkan pelaporan yang konsisten tentang BUMN dan menerbitkan laporan agregat tahunan mengenai isu-isu material, termasuk informasi keberlanjutan, aspek tata kelola, serta pencapaian tujuan kebijakan publik. Informasi ini harus memberikan gambaran menyeluruh, jelas, andal, berkualitas tinggi, dapat dibandingkan, ringkas, dan dapat diakses publik, termasuk melalui media digital.

VI. Komposisi dan Tanggung Jawab Dewan Komisaris BUMN

Negara harus memastikan bahwa Dewan Komisaris BUMN memiliki kewenangan, kompetensi, dan objektivitas yang diperlukan untuk menjalankan fungsi pengarahan strategis, pengawasan manajemen risiko, dan pemantauan kinerja manajemen. Dewan Komisaris harus bertindak dengan dan mempromosikan integritas serta dapat dimintai pertanggungjawaban atas tindakannya.

VI.A. Dewan Komisaris BUMN harus diberi mandat yang jelas dan tanggung jawab utama atas kinerja perusahaan. Peran dan tugas Dewan Komisaris harus didefinisikan secara jelas dalam peraturan perundang-undangan, sebaiknya merujuk pada hukum perseroan. Anggota Dewan Komisaris harus bertindak berdasarkan informasi lengkap, dengan itikad baik, penuh kehati-hatian dan ketelitian, serta demi kepentingan terbaik perusahaan dan pemegang saham, dengan mempertimbangkan kepentingan para pemangku kepentingan.

VI.B. Dewan Komisaris BUMN harus secara efektif menjalankan fungsi mereka dalam meninjau dan mengarahkan strategi perusahaan serta mengawasi manajemen, berdasarkan mandat umum dan ekspektasi yang ditetapkan oleh pemegang saham. Mereka harus memiliki kewenangan untuk mengangkat dan memberhentikan Direktur Utama. Dewan Komisaris juga harus menyesuaikan tingkat remunerasi eksekutif dengan kepentingan jangka panjang perusahaan dan pemegang sahamnya.

VI.C. Komposisi Dewan Komisaris BUMN harus memungkinkan pengambilan keputusan yang objektif dan independen. Semua anggota Dewan Komisaris, termasuk pejabat publik, harus dinominasikan atau diangkat berdasarkan kualifikasi yang relevan dengan sektor dan profil bisnis perusahaan, dan memiliki tanggung jawab hukum yang setara.

VI.D. Jumlah anggota Dewan Komisaris independen yang memadai harus ada dalam Dewan Komisaris dan komite khusus.

VI.E. Mekanisme harus diterapkan untuk menghindari konflik kepentingan yang dapat menghambat objektivitas anggota Dewan Komisaris dalam menjalankan tugasnya, serta untuk membatasi campur tangan politik dalam proses Dewan Komisaris. Politisi yang memiliki kapasitas untuk memengaruhi kondisi operasional BUMN secara material sebaiknya tidak duduk di Dewan Komisaris. Mantan politisi semacam itu harus dikenakan masa tunggu (cooling-off period) yang telah ditentukan sebelumnya. Pegawai negeri dan pejabat publik lainnya dapat menjabat di Dewan Komisaris jika mereka dinominasikan berdasarkan merit, dan ketentuan konflik kepentingan tetap berlaku bagi mereka.

VI.F. Praktik yang baik menganjurkan agar Komisaris Utama bersifat independen dan memiliki peran yang terpisah dari Direktur Utama. Komisaris Utama bertanggung jawab atas efektivitas ruang Dewan Komisaris, dan jika diperlukan, berkoordinasi dengan anggota Dewan Komisaris lainnya untuk menjadi penghubung komunikasi dengan State Ownership Entity.

VI.G. Jika keterwakilan karyawan di Dewan Komisaris diwajibkan atau lazim, mekanisme harus menjamin peran tersebut efektif dan menambah keahlian, informasi, serta independensi Dewan Komisaris.

VI.H. Dewan Komisaris BUMN sebaiknya mempertimbangkan pembentukan komite khusus terdiri atas anggota independen dan berkualifikasi untuk membantu Dewan Komisaris secara keseluruhan menjalankan fungsinya. Paling tidak, komite audit (atau badan setara) diperlukan untuk mengawasi pengungkapan, pengendalian internal, dan urusan audit. Komite lain misalnya remunerasi, nominasi, manajemen risiko, atau keberlanjutan dapat dibentuk sesuai ukuran, struktur, kompleksitas, dan profil risiko BUMN. Mandat, komposisi, dan tata kerja komite harus ditetapkan dengan jelas, diungkap publik, dan Dewan Komisaris tetap bertanggung jawab penuh atas setiap keputusan.

VI.I. Di bawah pengawasan Komisaris Utama, Dewan Komisaris BUMN harus secara berkala melakukan evaluasi terstruktur untuk menilai kinerja, efisiensi, serta kecukupan keragaman latar belakang dan kompetensi termasuk gender dan bentuk keberagaman lain.

VI.J. Dewan Komisaris BUMN harus secara aktif mengawasi sistem manajemen risiko. Dewan Komisaris memastikan bahwa sistem tersebut ditinjau dan disesuaikan dengan kondisi BUMN guna menjaga relevansi dan kinerja pengendalian internal, kebijakan, dan prosedur.

VII. BUMN dan Keberlanjutan

Kerangka tata kelola perusahaan harus memberikan insentif bagi State Ownership Entity dan BUMN untuk mengambil keputusan serta mengelola risikonya sedemikian rupa sehingga berkontribusi pada keberlanjutan dan ketangguhan BUMN serta memastikan penciptaan nilai jangka panjang. Apabila Negara memiliki target keberlanjutan, Negara sebagai pemilik perlu menetapkan ekspektasi yang konkret dan ambisius terkait keberlanjutan bagi BUMN termasuk peran Dewan Komisaris, pengungkapan dan transparansi, serta perilaku bisnis yang bertanggung jawab. Kebijakan kepemilikan harus secara penuh mengakui tanggung jawab BUMN terhadap para pemangku kepentingan.

VII.A. Apabila Negara telah menetapkan target keberlanjutan, target tersebut harus menjadi bagian integral dari kebijakan dan praktik kepemilikan Negara. Ini mencakup:

VII.A.1. Menetapkan ekspektasi keberlanjutan yang konkret dan ambisius bagi BUMN, yang selaras dengan kebijakan dan praktik kepemilikan. Dalam melakukannya, Negara harus menghormati hak dan perlakuan setara bagi seluruh pemegang saham.

VII.A.2. Mengomunikasikan dan memperjelas ekspektasi keberlanjutan Negara melalui dialog rutin dengan Dewan Komisaris.

VII.A.3. Menilai, memantau, dan melaporkan keselarasan BUMN dengan ekspektasi keberlanjutan serta kinerjanya secara berkala.

VII.B. Negara seharusnya mengharapkan Dewan Komisaris BUMN untuk mempertimbangkan secara memadai risiko dan peluang keberlanjutan ketika menjalankan fungsi utamanya. Prasyarat berikut penting untuk memastikan pengelolaan keberlanjutan yang efektif di tingkat perusahaan:

VII.B.1. Dewan Komisaris BUMN harus meninjau dan membimbing penyusunan, pelaksanaan, serta pengungkapan tujuan dan target keberlanjutan yang material sebagai bagian dari strategi korporasi.

VII.B.2. BUMN harus mengintegrasikan pertimbangan keberlanjutan ke dalam sistem manajemen risiko dan pengendalian internalnya, termasuk melalui uji tuntas berbasis risiko.

VII.B.3. Dewan Komisaris BUMN harus mempertimbangkan aspek keberlanjutan dalam mengevaluasi dan memantau kinerja manajemen.

VII.C. Negara harus mengharapkan BUMN tunduk pada persyaratan pelaporan dan pengungkapan keberlanjutan yang tepat, dengan menggunakan informasi yang konsisten, sebanding, dan andal:

VII.C.1. Pelaporan dan pengungkapan keberlanjutan harus selaras dengan standar internasional berkualitas tinggi agar konsistensi dan keterbandingan di seluruh pasar, yurisdiksi, dan perusahaan terjaga.

VII.C.2. Pertimbangkan penerapan bertahap kewajiban assurance tahunan oleh penyedia jasa atestasi independen, kompeten, dan berkualifikasi, sesuai standar internasional berkualitas tinggi.

VII.D. Negara sebagai pemilik harus menetapkan ekspektasi tinggi atas kepatuhan BUMN terhadap standar perilaku bisnis bertanggung jawab (*Responsible Business Conduct/"RBC"*), menyediakan mekanisme implementasi yang efektif, sepenuhnya mengakui tanggung jawab BUMN kepada pemangku kepentingan, serta meminta BUMN melaporkan hubungan mereka dengan pemangku kepentingan. Ekspektasi pemilik ini harus diumumkan secara jelas dan transparan kepada publik. Secara khusus:

VII.D.1. Pemerintah, *State Ownership Entity*, dan BUMN harus mengakui serta menghormati hak pemangku kepentingan yang ditetapkan oleh hukum atau perjanjian bersama. Jika hak dilanggar, tenaga kerja dan pemangku kepentingan lain harus dapat memperoleh pemulihan efektif dengan biaya wajar dan tanpa penundaan berlebihan.

VII.D.2. BUMN harus mengembangkan dan mendorong pelibatan pemangku kepentingan yang bermakna guna mendukung keberlanjutan dan memastikan transisi yang adil, terutama bagi kelompok yang berkepentingan atau terdampak aktivitas perusahaan.

VII.D.3. Mekanisme partisipasi karyawan harus diperkenankan berkembang. Jika karyawan atau pemangku kepentingan lain berpartisipasi dalam proses tata kelola, mereka harus memperoleh informasi relevan yang cukup, andal, dan tepat waktu.

VII.D.4. *State Ownership Entity* dan BUMN harus menjamin standar integritas tinggi di sektor BUMN dan mencegah penggunaan BUMN sebagai sarana pendanaan politik, patronase, atau pemerkayaan pribadi/kelompok terafiliasi.

Anotasi untuk Bab I: Alasan Kepemilikan oleh Negara

Negara menjalankan kepemilikan atas BUMN demi kepentingan masyarakat umum. Negara harus secara cermat mengevaluasi dan mengungkapkan alasan yang mendasari kepemilikan tersebut serta meninjau ulang secara berkala.

Anggota masyarakat yang Negaranya menjalankan hak kepemilikan atas BUMN pada hakikatnya adalah pemilik akhir dari BUMN tersebut. Hal ini mengimplikasikan bahwa pihak yang menjalankan hak kepemilikan memiliki kewajiban terhadap publik, mirip dengan kewajiban fidusia Dewan Komisaris terhadap pemegang saham, dan harus bertindak sebagai wali amanat atas kepentingan publik. Standar transparansi dan akuntabilitas yang tinggi diperlukan agar publik dapat memastikan bahwa Negara menggunakan kekuasaannya sesuai dengan kepentingan terbaik publik, dan bahwa sumber daya BUMN digunakan secara efisien, berkelanjutan, dan selaras dengan alasan kepemilikannya.

Di Negara-Negara OECD, alasan mendirikan atau mempertahankan kepemilikan Negara atas suatu perusahaan umumnya meliputi satu atau lebih dari hal berikut: (1) penyediaan barang atau jasa publik di mana kepemilikan Negara dianggap lebih efisien atau andal dibandingkan jika diserahkan kepada lembaga pemerintah atau pihak swasta; (2) pengoperasian monopoli alami di mana regulasi pasar dianggap tidak layak atau tidak efisien; dan (3) dukungan terhadap tujuan ekonomi dan strategis tertentu untuk kepentingan nasional, seperti mempertahankan industri tertentu di bawah kepemilikan nasional, atau menyelamatkan perusahaan penting yang sedang gagal. Alasan-alasan tersebut harus didefinisikan dengan jelas, ditinjau ulang secara berkala, dan mengikuti jadwal waktu yang wajar. Peninjauan harus tunduk pada standar akuntabilitas yang tinggi kepada lembaga perwakilan yang relevan, dan hasilnya harus diinformasikan secara terbuka kepada publik. BUMN tidak seharusnya dibebani dengan tujuan kebijakan publik yang tidak relevan dengan bidang usahanya dan alasan kepemilikannya. Tujuan-tujuan tersebut harus ditetapkan secara transparan dan tunduk pada tingkat akuntabilitas yang tinggi.

I.A. Tujuan utama dari kepemilikan Negara atas perusahaan haruslah untuk memaksimalkan nilai jangka panjang bagi masyarakat secara efisien dan berkelanjutan.

Peran yang diberikan kepada BUMN dan alasan dasar dari kepemilikan Negara atas perusahaan berbeda secara signifikan antar yurisdiksi. Namun, praktik yang baik menyerukan agar pemerintah mempertimbangkan dan mengartikulasikan bagaimana suatu perusahaan memberikan nilai jangka panjang bagi pemegang saham, dan anggota masyarakat sebagai pemilik akhirnya, secara efisien dan berkelanjutan. Dalam membuat keputusan untuk mendirikan atau mempertahankan perusahaan dalam kepemilikan Negara, pemerintah harus mempertimbangkan apakah alokasi sumber daya yang lebih efisien untuk manfaat publik dapat dicapai melalui alternatif kepemilikan atau langkah-langkah seperti regulasi, subsidi, pajak, pengadaan publik, konsesi, atau pembentukan lembaga pemerintah.

Jika BUMN diharapkan mencapai tujuan kebijakan publik, termasuk menjalankan kewajiban pelayanan publik, berbagai pertimbangan efisiensi harus diperhitungkan. Kepentingan publik paling baik dilayani apabila layanan disediakan secara efisien, transparan, dan berkelanjutan, serta ketika tidak ada alternatif penggunaan sumber daya fiskal yang sama yang dapat menghasilkan layanan yang lebih baik. Pertimbangan-pertimbangan ini harus membimbing pengambil kebijakan dalam memilih BUMN sebagai alat pelaksana tujuan kebijakan publik, termasuk kewajiban pelayanan publik. Bila BUMN terlibat dalam kegiatan ekonomi, mereka melayani kepentingan publik dengan memaksimalkan nilai jangka panjang secara berkelanjutan dan menghasilkan pendapatan yang memadai bagi kas Negara.

I.B. Pemerintah harus mengembangkan kebijakan kepemilikan. Kebijakan tersebut antara lain harus menetapkan alasan dan tujuan umum kepemilikan Negara, peran Negara dan pemegang saham lain dalam tata kelola BUMN, cara Negara mengimplementasikan kebijakan kepemilikannya, serta peran dan tanggung jawab masing-masing instansi pemerintah yang terlibat dalam implementasi tersebut.

Agar Negara dapat menempatkan dirinya secara jelas sebagai pemilik, Negara harus memperjelas dan memprioritaskan alasan kepemilikannya dengan mengembangkan kebijakan kepemilikan yang koheren dan eksplisit. Kebijakan kepemilikan idealnya berbentuk dokumen kebijakan ringkas tingkat tinggi yang menguraikan alasan dan tujuan umum kepemilikan Negara atas perusahaan, dan untuk masing-masing BUMN induk, peran Negara dan pemegang saham lain dalam tata kelola BUMN, cara Negara mengimplementasikan kebijakan kepemilikannya, serta peran dan tanggung jawab instansi pemerintah terkait. Di beberapa yurisdiksi, mungkin perlu untuk menetapkan dasar hukum untuk alasan kepemilikan dan kebijakan kepemilikan, yang juga mencakup aspek lain terkait peran Negara sebagai pemilik.

Kebijakan kepemilikan harus dikomunikasikan kepada publik dan kepada seluruh bagian pemerintah yang menjalankan hak kepemilikan atau terlibat dalam implementasinya. Ini akan memberikan kejelasan bagi BUMN, pasar, dan publik umum mengenai tujuan umum Negara sebagai pemilik dan perannya sebagai pemegang saham. Kebijakan ini harus tersedia dalam format digital yang mudah diakses.

Kebijakan kepemilikan harus mencakup portofolio BUMN, termasuk tujuan Negara sebagai pemilik seperti penciptaan nilai jangka panjang, pencapaian tujuan kebijakan publik, atau tujuan strategis seperti mempertahankan industri tertentu di bawah kepemilikan nasional, atau tujuan ekonomi, lingkungan, dan sosial. Negara berhak menetapkan alasan untuk kepemilikan BUMN dan harus didefinisikan secara jelas untuk masing-masing BUMN. Bila tujuan Negara tersebut dapat memengaruhi kesetaraan kompetisi di pasar, Negara harus membatasi distorsi tersebut melalui langkah mitigasi serta secara terbuka mengungkapkan alasan, pembenaran, dan cakupan distorsi tersebut, khususnya bila dapat berdampak negatif pada pesaing asing. Tingkat transparansi yang tinggi penting untuk menghindari perlakuan istimewa.

Selain itu, kebijakan kepemilikan harus memuat informasi lebih rinci tentang bagaimana hak kepemilikan dijalankan dalam struktur administrasi Negara, termasuk mandat dan fungsi utama *Ownership Entity* serta peran dan tanggung jawab semua entitas pemerintah yang menjalankan kepemilikan Negara. Kebijakan ini juga harus merujuk dan mensintesis unsur-unsur utama dari kebijakan, hukum, dan regulasi yang berlaku bagi BUMN, serta pedoman tambahan yang digunakan Negara dalam menjalankan hak kepemilikan. Bila relevan, Negara juga harus memuat informasi tentang prioritas reformasi dan/atau rencana privatisasi BUMN, serta idealnya mengidentifikasi daftar BUMN yang tunduk pada kebijakan tersebut.

Rasionalisasi yang ganda, saling bertentangan, atau tidak jelas atas kepemilikan Negara dapat menyebabkan pelaksanaan fungsi kepemilikan yang sangat pasif, atau sebaliknya, intervensi Negara yang berlebihan dalam urusan dan keputusan yang seharusnya menjadi wewenang BUMN.

I.C. Kebijakan kepemilikan harus tunduk pada prosedur akuntabilitas yang sesuai kepada badan perwakilan yang relevan dan diumumkan kepada publik. Pemerintah harus meninjau kebijakan kepemilikannya secara berkala dan mengevaluasi pelaksanaannya.

Kebijakan kepemilikan idealnya dikembangkan secara lintas-kementerian oleh *Ownership Entity* yang relevan. Dalam menyusun dan memperbarui kebijakan ini, pemerintah harus memanfaatkan konsultasi publik yang memadai dengan melibatkan masukan dari publik atau perwakilannya. Pemerintah juga harus berkonsultasi secara luas dengan perwakilan sektor swasta termasuk investor dan penyedia layanan pasar, serta perwakilan serikat pekerja. Konsultasi publik yang efektif dan dilakukan lebih awal dapat membantu penerimaan kebijakan oleh pelaku pasar dan pemangku kepentingan serta meningkatkan transparansi.

Kebijakan kepemilikan juga harus dikonsultasikan dengan entitas pemerintah terkait, seperti komite legislatif, lembaga audit Negara, kementerian, dan regulator. Kebijakan ini harus dapat diakses publik dan didistribusikan secara luas kepada kementerian, lembaga, Dewan Komisaris BUMN, manajemen, dan lembaga legislatif terkait. Komitmen Negara dapat diperkuat dengan mekanisme pengawasan dan akuntabilitas yang tepat kepada lembaga perwakilan, seperti melalui persetujuan legislatif reguler dan tinjauan berkala.

Negara harus konsisten dalam kebijakan kepemilikannya dan menghindari perubahan alasan kepemilikan secara terlalu sering. Namun, tujuan dan alasan dapat berkembang seiring waktu dan kebijakan harus diperbarui sesuai perubahan tersebut. Tergantung konteks nasional, cara terbaik melakukan hal ini dapat melalui tinjauan dalam proses anggaran Negara, rencana fiskal menengah, atau menyesuaikan dengan siklus pemilu. Tinjauan dapat mencakup evaluasi pelaksanaan kebijakan, perbandingan dan benchmarking BUMN, evaluasi eksternal, dan memastikan kebijakan didasarkan pada tujuan transparan. Evaluasi juga harus mempertimbangkan apakah kepemilikan Negara masih menjadi instrumen terbaik untuk menjaga kepentingan publik.

Perubahan apa pun, termasuk perubahan *ad hoc*, harus diungkapkan secara penuh dan transparan pada saat perubahan dilakukan, termasuk alasan di balik perlunya pembaruan tersebut.

Intervensi *ad hoc* umumnya harus dihindari, tetapi dapat diperlukan dalam kondisi tertentu, seperti dukungan pemerintah darurat. Dalam hal ini, perlu dipastikan agar intervensi darurat tidak menjadi dukungan struktural jangka panjang tanpa alasan yang sepadan dalam kebijakan kepemilikan, dan agar respons krisis jangka pendek tidak menyebabkan dampak negatif yang tidak diinginkan terhadap persaingan dan perdagangan dalam jangka menengah dan panjang. Pemerintah harus mengacu pada praktik terbaik internasional dan bertindak konsisten dengan perjanjian internasional terkait dukungan Negara. Langkah darurat harus menjaga integritas dan transparansi serta menyertakan rencana keluar (*exit plan*) setelah krisis mereda dengan meninjau intervensi sejak awal pelaksanaannya.

I.D. Negara harus mendefinisikan alasan kepemilikan untuk masing-masing BUMN dan meninjau ulang secara berkala. Alasan kepemilikan dan tujuan kebijakan publik yang harus dicapai oleh BUMN secara individu atau kelompok harus dikaitkan secara jelas dengan lini bisnis utama mereka, diberikan mandat oleh otoritas terkait, dan diungkapkan secara terbuka.

Alasan kepemilikan untuk masing-masing perusahaan atau untuk kelompok perusahaan tertentu dapat berbeda-beda. Misalnya, beberapa BUMN dimiliki Negara karena menjalankan kewajiban pelayanan publik yang penting, sementara yang lain karena alasan strategis atau karena beroperasi di sektor monopoli alami. Untuk memperjelas alasan di balik kepemilikannya, terkadang berguna untuk mengklasifikasikan BUMN tersebut dalam kategori terpisah dan mendefinisikan alasannya masing-masing. Alasan tersebut harus ditinjau ulang secara berkala dan diungkapkan kepada publik. Bila alasan tersebut tercantum dalam dokumen pendirian atau instrumen hukum BUMN, Negara sebagai pemilik harus memastikan keterbukaan atas dokumen tersebut.

BUMN terkadang diharapkan untuk memenuhi tujuan kebijakan publik. Tujuan ini harus diberikan secara jelas, sesuai dengan hukum nasional, dan dikaitkan secara eksplisit dengan lini bisnis utama. Kepentingan publik yang ingin dicapai dari tujuan kebijakan publik juga harus dijelaskan secara transparan. Tujuan tersebut dapat dimasukkan ke dalam anggaran dasar dan diadopsi dalam strategi perusahaan. Pasar, pemegang saham non-Negara, dan publik harus diberi informasi yang jelas mengenai sifat dan cakupan kewajiban ini, serta dampaknya terhadap sumber daya dan kinerja ekonomi BUMN, dan bila memungkinkan, dampaknya terhadap pasar.

Tiap Negara berbeda dalam hal otoritas yang diberi wewenang untuk menyampaikan tujuan kebijakan publik kepada BUMN. Di beberapa Negara, hanya *Ownership Entity* yang memiliki kewenangan ini. Di tempat lain, parlemen dapat menetapkan kewajiban ini melalui proses legislatif. Dalam kasus ini, penting untuk membentuk mekanisme konsultasi dan akuntabilitas antara legislatif dan badan Negara yang bertanggung jawab atas kepemilikan BUMN guna memastikan koordinasi yang memadai dan menghindari pengurangan otonomi *Ownership Entity*.

Anotasi untuk Bab II: Peran Negara sebagai Pemilik

Negara seharusnya bertindak sebagai pemilik yang aktif dan memiliki informasi yang memadai, memastikan bahwa tata kelola BUMN dilakukan secara transparan dan akuntabel, dengan tingkat profesionalisme dan efektivitas yang tinggi.

Untuk menjalankan fungsinya sebagai pemilik, pemerintah sebaiknya merujuk pada standar tata kelola sektor publik dan swasta, khususnya Prinsip Tata Kelola Perusahaan G20/OECD, yang berlaku bagi BUMN apabila Negara bukan satu-satunya pemilik, dan semua bagian yang relevan berlaku apabila Negara merupakan pemilik tunggal. Selain itu, terdapat aspek-aspek khusus dari tata kelola BUMN yang perlu diperhatikan secara khusus atau didokumentasikan secara lebih rinci guna membimbing Dewan Komisaris, manajemen, dan *State Ownership Entity* dalam menjalankan peran mereka secara efektif.

II.A. Pemerintah sebaiknya menyederhanakan dan menyeragamkan bentuk hukum yang digunakan oleh BUMN dalam beroperasi. Praktik operasional BUMN harus mengikuti norma-norma korporasi yang lazim diterima secara umum.

BUMN mungkin memiliki bentuk hukum yang berbeda dari perusahaan lainnya. Hal ini dapat mencerminkan tujuan spesifik atau pertimbangan sosial tertentu serta perlindungan khusus yang diberikan kepada pemangku kepentingan tertentu, seperti karyawan yang penghasilannya ditetapkan oleh regulasi atau badan pengatur, yang memperoleh hak pensiun khusus dan perlindungan dari PHK yang setara dengan pegawai negeri.

Negara harus memastikan sebanyak mungkin elemen dari Pedoman ini diterapkan secara konsisten, meskipun terdapat perbedaan bentuk hukum atau korporasi BUMN dalam portofolionya. Ini mencakup: (i) kewenangan dan kekuasaan dari Dewan Komisaris, manajemen dan kementerian; (ii) komposisi dan struktur Dewan Komisaris tersebut; (iii) sejauh mana hak konsultasi atau pengambilan keputusan diberikan kepada pemegang saham dan/atau pemangku kepentingan tertentu, terutama tenaga kerja; (iv) persyaratan keterbukaan informasi; dan (v) sejauh mana BUMN tunduk pada prosedur kepailitan.

Bentuk hukum dan definisi kegiatan BUMN seharusnya tidak menghalangi mereka untuk melakukan diversifikasi atau memperluas kegiatan mereka ke sektor baru atau ke luar negeri, terutama jika mereka menjalankan kegiatan ekonomi dan bertindak sesuai dengan pertimbangan komersial. Batasan terhadap perluasan mandat BUMN sering kali relevan jika BUMN tersebut memiliki tujuan kebijakan publik yang penting atau menjalankan kewajiban layanan publik, dan bertujuan untuk mencegah penyalahgunaan dana publik, strategi pertumbuhan yang terlalu ambisius, atau mencegah ekspor teknologi sensitif. Perhatian harus diberikan agar batasan hukum tersebut tetap berkaitan dengan lini utama bisnis BUMN, sembari memastikan bahwa batasan tersebut tidak menghambat otonomi Dewan Komisaris yang diperlukan dalam menjalankan tugasnya.

Dalam menstandarkan bentuk hukum BUMN, pemerintah sebaiknya mendasarkan sebanyak mungkin pada hukum perusahaan yang berlaku untuk perusahaan milik swasta dan menghindari menciptakan bentuk hukum khusus atau memberikan status istimewa kepada BUMN, kecuali jika benar-benar diperlukan untuk mencapai tujuan kebijakan publik. Penyeragaman bentuk hukum akan meningkatkan transparansi, akuntabilitas, dan mempermudah pengawasan melalui perbandingan kinerja. Penyeragaman ini seharusnya terutama diterapkan pada BUMN yang menjalankan kegiatan ekonomi, dengan menggunakan alat dan instrumen yang sama seperti yang tersedia bagi pemilik swasta. Penyeragaman ini harus difokuskan pada peran dan kewenangan organ tata kelola perusahaan serta kewajiban keterbukaan dan pelaporan.

II.B. Negara harus secara jelas mendefinisikan ekspektasi sebagai pemilik, memberikan BUMN otonomi operasional penuh untuk mencapainya, dan tidak melakukan intervensi terhadap manajemen BUMN. Negara sebagai pemegang saham hanya boleh menetapkan ulang ekspektasi terhadap BUMN secara transparan dan dalam hal terdapat perubahan misi yang mendasar.

Sarana utama untuk memastikan kepemilikan yang aktif dan berbasis informasi oleh Negara adalah melalui kebijakan kepemilikan yang jelas dan konsisten, penyusunan mandat dan ekspektasi umum terhadap BUMN, proses nominasi Dewan Komisaris yang terstruktur, serta pelaksanaan hak kepemilikan yang telah ditetapkan secara efektif. Mandat dan ekspektasi umum Negara terhadap BUMN sebaiknya hanya direvisi jika terdapat perubahan mendasar atas misi BUMN tersebut. Meskipun dalam beberapa kasus perlu dilakukan peninjauan dan penyesuaian terhadap tujuan BUMN karena adanya perubahan situasi, Negara sebaiknya tidak terlalu sering mengubahnya dan harus memastikan bahwa proses perubahan tersebut dilakukan secara transparan dan untuk kepentingan publik.

Beberapa pemegang saham dari pemerintah mungkin memformalkan mandat dan ekspektasi umum mereka terhadap BUMN melalui Dewan Komisaris dengan dokumen ekspektasi pemilik, surat ekspektasi, kontrak kinerja, atau instrumen lainnya, serta tetap menjalin dialog rutin dengan badan pengelola BUMN. Proses formalisasi ke dalam satu set ekspektasi yang jelas ini membantu menjaga otonomi Dewan Komisaris, mencegah intervensi pemerintah yang bersifat *ad hoc*, dan juga dapat berfungsi sebagai alat untuk memastikan akuntabilitas BUMN.

II.C. Negara perlu memberikan keleluasaan bagi Dewan Komisaris BUMN menjalankan tanggung jawabnya dan menghormati independensinya. *Ownership Entity* harus membentuk dan memelihara kerangka komunikasi yang sesuai dengan badan pengelola tertinggi BUMN, umumnya melalui Komisaris Utama.

Dalam proses nominasi dan pemilihan anggota Dewan Komisaris, *Ownership Entity* harus berfokus pada pentingnya agar Dewan Komisaris BUMN dapat menjalankan tanggung jawabnya secara profesional dan independen. Penting untuk memastikan bahwa dalam menjalankan tugasnya, setiap anggota Dewan Komisaris tidak bertindak sebagai perwakilan dari kelompok kepentingan tertentu. Independensi menuntut agar seluruh anggota Dewan Komisaris melaksanakan tugasnya secara adil dan bertanggung jawab terhadap seluruh pemegang saham, baik Negara maupun non-Negara.

Ownership Entity sebaiknya menghindari pengangkatan anggota Dewan Komisaris dalam jumlah berlebihan yang berasal dari jajaran administrasi Negara. Selain itu, anggota Dewan Komisaris hanya boleh diberhentikan atas alasan yang sah, dan proses pengangkatan maupun pemberhentiannya harus terlepas dari siklus pemilu atau dinamika politik Negara. Hal ini sangat relevan bagi BUMN yang bergerak di bidang ekonomi, di mana pembatasan keanggotaan Dewan Komisaris dari pejabat Negara atau perwakilan *Ownership Entity* dapat meningkatkan profesionalisme dan mencegah konflik kepentingan serta intervensi pemerintah dalam manajemen BUMN.

Pegawai dari *Ownership Entity* atau profesional dari instansi pemerintah lainnya hanya boleh ditunjuk menjadi anggota Dewan Komisaris BUMN jika mereka memenuhi tingkat kompetensi yang disyaratkan dan tidak menjadi saluran pengaruh politik yang melampaui peran kepemilikan. Mereka harus memiliki tugas dan tanggung jawab yang sama dengan anggota Dewan Komisaris lainnya. Kondisi diskualifikasi dan potensi konflik kepentingan harus dievaluasi secara cermat dan diberikan panduan tentang cara mengelola serta menyelesaikannya. Para profesional tersebut tidak boleh memiliki konflik kepentingan yang bersifat melekat maupun yang dapat menimbulkan persepsi konflik. Secara khusus, mereka tidak boleh terlibat dalam keputusan regulasi terhadap BUMN yang sama, atau memiliki kewajiban atau batasan yang mencegah mereka bertindak untuk kepentingan perusahaan. Secara umum, seluruh potensi konflik kepentingan dari anggota Dewan Komisaris harus dilaporkan ke Dewan Komisaris dan diungkapkan bersama dengan cara penanganannya.

Penting untuk memperjelas tanggung jawab secara pribadi dan sebagai wakil Negara ketika pejabat Negara menjabat di Dewan Komisaris BUMN. Pejabat Negara yang bersangkutan mungkin perlu mengungkapkan kepemilikan pribadi mereka atas saham di BUMN dan mematuhi ketentuan tentang perdagangan orang dalam. *Ownership Entity* dapat menyusun pedoman atau kode etik bagi anggotanya dan pejabat Negara lain yang menjabat di Dewan Komisaris BUMN. Pedoman tersebut harus menjelaskan bagaimana informasi dari anggota Dewan Komisaris disampaikan ke Negara. Arah kebijakan publik yang lebih luas sebaiknya disalurkan melalui *Ownership Entity* dan dinyatakan sebagai tujuan perusahaan, bukan langsung dipaksakan melalui partisipasi dalam Dewan Komisaris. Secara umum, pejabat Negara yang menjalankan tugasnya harus bertanggung jawab atas kemungkinan pelanggaran administratif, perdata, atau pidana akibat tindakan perusahaan. *Ownership Entity* juga harus menghormati kerahasiaan diskusi dalam Dewan Komisaris, dan menerapkan pembatasan yang ketat terhadap penyebarluasan informasi tersebut. Negara sebagai pemegang saham tidak boleh memiliki akses informasi yang melebihi haknya sebagai pemilik saham.

State Ownership Entity harus membangun dan memelihara kerangka komunikasi yang tepat dengan badan tata kelola tertinggi BUMN, umumnya melalui Komisaris Utama. Tujuan kebijakan publik, termasuk kewajiban pelayanan publik, jika tidak ditetapkan dalam regulasi atau undang-undang, harus dikomunikasikan melalui kebijakan kepemilikan pemerintah atau ekspektasi pemilik yang disampaikan kepada seluruh Dewan Komisaris, dan dipublikasikan dengan mempertimbangkan kerahasiaan perusahaan. Jika terdapat pemegang saham non-Negara, tujuan kebijakan publik BUMN, termasuk kewajiban pelayanan publik, harus disetujui dalam RUPS tahunan jika belum diatur secara publik. Catatan komunikasi antara *Ownership Entity* dan BUMN harus dijaga secara akurat. Negara tidak boleh terlibat dalam pengambilan keputusan operasional, seperti memberikan arahan terhadap keputusan rekrutmen BUMN. Negara harus mengungkapkan secara terbuka dan menjelaskan area serta jenis keputusan di mana *Ownership Entity* berwenang memberikan instruksi.

Ketika perwakilan pemerintah, termasuk dari *Ownership Entity*, melampaui batas perannya dan/atau bertindak secara tidak wajar, BUMN harus dapat meminta nasihat atau melaporkannya melalui saluran pelaporan yang telah ditetapkan.

II.D. Pelaksanaan hak kepemilikan harus diidentifikasi dengan jelas dalam struktur administrasi Negara dan sebaiknya dipusatkan dalam satu *Ownership Entity*. Jika hal ini tidak memungkinkan, maka fungsi-fungsi kepemilikan yang relevan harus dikoordinasikan oleh suatu badan yang ditunjuk secara khusus dengan mandat yang jelas untuk bertindak atas nama keseluruhan pemerintahan.

Sangat penting untuk mengidentifikasi dengan jelas fungsi kepemilikan dalam struktur administrasi Negara, apakah berada di kementerian pusat seperti Kementerian Keuangan atau Ekonomi, dalam suatu entitas administratif atau korporasi yang terpisah, atau di dalam kementerian sektoral tertentu. Fungsi kepemilikan atas BUMN adalah fungsi yang menjalankan kekuasaan, tanggung jawab, atau kemampuan pengendalian untuk mengangkat Dewan Komisaris, menetapkan dan memantau tujuan, dan/atau memberikan suara atas saham perusahaan atas nama pemerintah.

Sentralisasi bisa menjadi cara yang efektif untuk memisahkan dengan jelas pelaksanaan fungsi kepemilikan dari aktivitas lain yang berpotensi menimbulkan konflik kepentingan yang dilakukan oleh Negara, khususnya regulasi pasar dan perumusan kebijakan seperti yang disebut dalam Panduan III.A. Namun hal ini perlu disertai dengan dukungan sumber daya yang memadai dan perlindungan terhadap praktik-praktik yang tidak semestinya. Oleh karena itu, dalam yurisdiksi yang memiliki supremasi hukum lemah, tata kelola yang buruk, atau tingkat persepsi korupsi yang tinggi, pemusatan kekuasaan perusahaan dalam satu *Ownership Entity* dapat membawa risiko yang perlu dipertimbangkan saat menentukan kerangka kerja kepemilikan Negara yang sesuai.

Model kepemilikan terpusat dicirikan oleh keberadaan satu badan pengambil keputusan utama yang bertindak sebagai pemegang saham untuk sebagian besar atau kategori tertentu dari BUMN yang dikendalikan atau dimiliki, baik secara langsung maupun tidak langsung oleh Negara. Perannya mencakup menetapkan alasan dan tujuan kepemilikan Negara atas setiap BUMN, mengangkat direksi, mengevaluasi kinerja BUMN, dan memberikan suara dalam RUPS. *Ownership Entity* ini juga bertanggung jawab untuk menetapkan dan memantau mandat serta ekspektasi strategis terhadap BUMN sesuai dengan kebijakan kepemilikan, mengoordinasikan (bila relevan) keputusannya dengan pemangku kepentingan pemerintah lainnya, serta merumuskan kerangka kerja dan isu-isu penting terkait tata kelola BUMN.

Ownership Entity yang terpusat sebaiknya bersifat independen atau berada di bawah otoritas satu menteri. Pendekatan ini membantu memperjelas kebijakan kepemilikan dan arah pelaksanaannya, serta memastikan pelaksanaan yang lebih konsisten. Sentralisasi fungsi kepemilikan juga memungkinkan penguatan dan konsolidasi kompetensi yang relevan melalui pengelompokan keahlian, misalnya dalam pelaporan keuangan atau pengangkatan Dewan Komisaris. Dengan demikian, sentralisasi dapat menjadi kekuatan utama dalam pelaksanaan kepemilikan Negara yang profesional dan konsisten, sekaligus mendorong pengembangan pelaporan agregat atas kepemilikan Negara.

Jika kepemilikan tidak dapat disentralisasi, pemerintah sebaiknya membentuk badan koordinasi yang kuat. Badan koordinasi ini harus memiliki mandat untuk bertindak atas nama keseluruhan pemerintah. Badan ini dapat berupa unit khusus pemerintah atau entitas korporasi yang berperan sebagai penasihat bagi kementerian pemegang saham lainnya terkait praktik terbaik tata kelola perusahaan serta isu teknis dan operasional. Hal ini membantu memastikan bahwa setiap BUMN memiliki mandat yang jelas dan menerima pesan yang koheren terkait ekspektasi kepemilikan dan kewajiban pelaporan. Badan koordinasi ini akan menyelaraskan dan mengoordinasikan tindakan serta kebijakan yang diambil oleh berbagai unit kepemilikan di kementerian, dan membantu memastikan bahwa keputusan terkait kepemilikan perusahaan diambil secara terpadu – sehingga BUMN tidak terjebak dalam mandat kebijakan yang saling bertentangan. Badan koordinasi ini sebaiknya juga bertanggung jawab dalam penyusunan kebijakan kepemilikan nasional, pengembangan pedoman khusus, serta standarisasi praktik antar kementerian. Pembentukan badan koordinasi juga dapat memfasilitasi sentralisasi beberapa fungsi utama untuk memanfaatkan keahlian tertentu dan menjamin independensi dari kementerian sektoral. Misalnya, badan koordinasi ini dapat menjalankan fungsi pengangkatan Dewan Komisaris dan pemantauan kinerja.

Pelaksanaan hak kepemilikan melalui perusahaan induk milik Negara (*State-Owned Holding Companies*/SOHCs) merupakan bentuk lain dari sentralisasi dan, tergantung pada pengaturan tata kelola dan bentuk hukumnya, dapat memisahkan fungsi kepemilikan Negara dari fungsi perumusan kebijakan dan regulasi. Dalam beberapa konteks, pelaksanaan kepemilikan secara tidak langsung melalui SOHC dapat memastikan jarak yang sehat dari fungsi pemerintah lainnya dan melindungi aktivitas BUMN dari campur tangan politik atau operasional yang berlebihan. Banyak SOHC memiliki misi sebagai perwakilan pemilik dan mengelola portofolio Negara sebagai manajer aset aktif atau perusahaan investasi yang bertujuan untuk meningkatkan nilai pemegang saham secara berkelanjutan melalui kepemilikan jangka panjang yang aktif. Jika SOHC didirikan berdasarkan hukum perusahaan yang berlaku, bentuk korporatnya dapat memungkinkan restrukturisasi atau divestasi aset portofolio dengan lebih fleksibel dan gesit sesuai dengan misi utamanya. Pengalaman menunjukkan bahwa SOHC tidak selalu cocok untuk semua konteks, terutama jika tata kelola internalnya rentan terhadap intervensi politik atau praktik tidak wajar lainnya. Negara, sebagai pemilik manfaat utama dari SOHC, harus menetapkan tujuan yang ketat bagi SOHC dan entitas portofolionya, serta membangun kerangka hukum dan regulasi yang menjamin SOHC memenuhi standar tertinggi dalam hal tata kelola perusahaan, integritas, transparansi, dan akuntabilitas.

II.E. *Ownership Entity* harus memiliki kapasitas dan kompetensi untuk menjalankan tugasnya secara efektif, serta harus bertanggung jawab kepada badan perwakilan yang relevan. Entitas ini harus memiliki hubungan yang jelas dan transparan dengan entitas publik terkait lainnya.

Ownership Entity harus memiliki kapasitas, sumber daya manusia, dan kompetensi yang memadai untuk dapat melaksanakan tugasnya secara efektif. Entitas ini perlu didukung oleh peraturan formal, prosedur, serta kerangka hukum yang memadai yang dapat membimbing peran Negara sebagai pemegang saham secara efektif dan efisien, selaras dengan ketentuan hukum yang berlaku untuk perusahaan tempat Negara memiliki hak kepemilikan. Di beberapa yurisdiksi, hal ini mungkin memerlukan pembentukan kerangka hukum tersendiri yang secara transparan menetapkan pengaturan kelembagaan, prinsip-prinsip panduan, dan aturan yang dibutuhkan untuk memungkinkan Negara menjalankan hak kepemilikannya atas BUMN. Kerangka ini dapat mencakup pembagian peran dan tanggung jawab yang jelas antar institusi Negara guna menghindari konflik kepentingan, persyaratan pelaporan dan keterbukaan informasi, serta mekanisme akuntabilitas yang diperlukan.

Hubungan antara *Ownership Entity* dan badan pemerintahan lain, serta dengan investor institusional milik Negara lainnya seperti *Sovereign Wealth Fund*, bank pembangunan, dan dana pensiun yang dikendalikan atau dipengaruhi oleh Negara, harus dijabarkan secara jelas dan transparan. Beberapa badan Negara, kementerian, atau BUMN di sektor keuangan dapat memiliki peran yang berbeda terhadap BUMN yang sama. Untuk meningkatkan kepercayaan publik terhadap cara Negara mengelola kepemilikannya atas BUMN, penting agar peran-peran yang berbeda ini diidentifikasi dan dijelaskan secara terbuka kepada publik. Misalnya, *Ownership Entity* harus menjaga kerja sama dan dialog berkelanjutan dengan lembaga audit Negara yang bertanggung jawab atas pemeriksaan BUMN. Entitas ini harus mendukung pekerjaan lembaga audit Negara dan mengambil tindakan yang tepat berdasarkan temuan audit. Jika relevan, kerja sama dan dialog dengan badan Negara yang bertanggung jawab atas keuangan publik juga dianggap sebagai praktik yang baik, terutama untuk memastikan pengawasan fiskal yang efektif terkait pemantauan dan evaluasi risiko fiskal.

Ownership Entity harus bertanggung jawab secara jelas atas bagaimana ia menjalankan kepemilikan Negara. Akuntabilitas ini harus ditujukan secara langsung atau tidak langsung kepada badan yang mewakili kepentingan publik, seperti parlemen. Bentuk akuntabilitas kepada parlemen harus dijelaskan secara tegas, sebagaimana pula akuntabilitas BUMN itu sendiri, yang tidak boleh dikaburkan hanya karena adanya hubungan pelaporan secara tidak langsung melalui *Ownership Entity*.

Akuntabilitas tidak hanya mencakup jaminan bahwa pelaksanaan hak kepemilikan tidak melanggar kewenangan parlemen dalam kebijakan anggaran. *Ownership Entity* harus melaporkan kinerjanya sendiri dalam menjalankan fungsi kepemilikan Negara dan dalam mencapai tujuan Negara dalam konteks ini. Ia juga harus menyediakan informasi kuantitatif dan dapat dipercaya kepada publik serta wakil-wakilnya mengenai bagaimana BUMN dikelola untuk kepentingan pemiliknya. Dalam konteks rapat dengar pendapat parlemen, isu kerahasiaan dapat diatur melalui mekanisme khusus, seperti pertemuan tertutup atau rahasia. Meskipun umumnya diakui sebagai mekanisme yang berguna, bentuk, frekuensi, dan isi dari dialog ini dapat bervariasi tergantung pada hukum konstitusi dan tradisi serta peran parlemen di masing-masing Negara.

Persyaratan akuntabilitas tidak boleh membatasi secara berlebihan tentang otonomi *Ownership Entity* dalam menjalankan tanggung jawabnya. Misalnya, kasus di mana *Ownership Entity* harus memperoleh persetujuan ex-ante dari parlemen sebaiknya dibatasi hanya pada perubahan signifikan terhadap kebijakan kepemilikan secara keseluruhan, perubahan besar dalam ukuran sektor BUMN, dan transaksi besar seperti investasi atau divestasi. Secara umum, *Ownership Entity* sebaiknya memiliki tingkat fleksibilitas tertentu dalam hubungannya dengan kementerian pengampunya (jika ada), termasuk dalam pengorganisasian internal dan pengambilan keputusan terkait prosedur dan proses. *Ownership Entity* juga sebaiknya memiliki tingkat otonomi anggaran yang memungkinkan fleksibilitas dalam merekrut, memberi kompensasi, dan mempertahankan keahlian yang dibutuhkan, misalnya melalui kontrak kerja jangka waktu tertentu atau penugasan dari sektor swasta.

II.F. Negara harus bertindak sebagai pemilik yang aktif dan memiliki informasi memadai, serta menjalankan hak kepemilikannya sesuai dengan struktur hukum masing-masing perusahaan dan berdasarkan tingkat kepemilikan atau pengendaliannya.

Untuk menghindari campur tangan politik yang berlebihan maupun lemahnya pengawasan akibat kepemilikan Negara yang pasif sehingga berdampak negatif terhadap kinerja perusahaan, penting bagi *Ownership Entity* untuk fokus pada pelaksanaan hak kepemilikan secara efektif, yang harus dipisahkan dengan jelas dari fungsi kebijakan, regulasi, atau fungsi pemerintahan lainnya guna menghindari potensi konflik kepentingan. Negara sebagai pemilik umumnya harus bertindak layaknya pemegang saham utama ketika memiliki pengaruh signifikan terhadap perusahaan, dan bertindak sebagai pemegang saham yang aktif dan memiliki informasi ketika hanya memiliki kepemilikan minoritas. Negara perlu menjalankan hak-haknya guna melindungi kepemilikannya dan mengoptimalkan nilai aset tersebut.

Hak-hak dasar sebagai pemegang saham meliputi: (i) berpartisipasi dan memberikan suara dalam rapat pemegang saham; (ii) memperoleh informasi yang relevan dan memadai mengenai perusahaan secara tepat waktu dan berkala; (iii) memilih dan memberhentikan anggota Dewan Komisaris; (iv) menyetujui transaksi-transaksi luar biasa; serta (v) memberikan suara atas distribusi dividen dan pembubaran perusahaan.

Ownership Entity harus menjalankan hak-hak ini secara penuh dan bijaksana, karena hal ini akan memungkinkan pengaruh yang diperlukan terhadap BUMN tanpa mengganggu manajemen operasional sehari-hari. Efektivitas dan kredibilitas tata kelola serta pengawasan BUMN sangat bergantung pada kemampuan *Ownership Entity* dalam menggunakan hak-hak pemegang saham secara cermat dan menjalankan fungsi kepemilikannya secara efektif.

Ownership Entity memerlukan kompetensi khusus dan harus didukung oleh profesional dengan keahlian hukum, keuangan, ekonomi, sektor industri, keberlanjutan, serta manajemen yang berpengalaman dalam menjalankan tanggung jawab fidusia. Para profesional ini juga harus memahami dengan jelas peran dan tanggung jawab mereka sebagai Aparatur Sipil Negara dalam kaitannya dengan BUMN. Selain itu, *Ownership Entity* juga harus memiliki kompetensi terkait dengan tujuan kebijakan publik tertentu, termasuk kewajiban pelayanan publik yang diwajibkan bagi sebagian BUMN di bawah pengawasannya.

Lebih lanjut, *Ownership Entity* juga harus memiliki kompetensi serta perhatian terhadap teknologi digital, termasuk risiko dan peluang yang muncul dari penggunaannya dalam pengawasan dan pelaksanaan ketentuan serta praktik tata kelola perusahaan. Teknologi digital dapat dimanfaatkan untuk memperkuat pengawasan terhadap pelaksanaan kewajiban kepemilikan, tetapi juga memerlukan perhatian terhadap manajemen risiko yang menyertainya. Seiring berkembangnya teknologi dan potensinya dalam memperkuat praktik tata kelola perusahaan, kerangka kepemilikan dan regulasi mungkin perlu ditinjau dan disesuaikan untuk mendukung penggunaannya.

Ownership Entity juga harus memiliki kemungkinan untuk menggunakan jasa pihak luar dan melakukan alih daya (*outsourcing*) pada aspek-aspek tertentu dari fungsi kepemilikan, guna menjalankan hak kepemilikan Negara secara lebih baik. Sebagai contoh, entitas dapat memanfaatkan tenaga ahli untuk melakukan evaluasi, pemantauan aktif, atau pelaksanaan hak suara melalui *proxy voting* bila diperlukan dan dianggap tepat. Penggunaan kontrak jangka pendek dan penugasan (*secondment*) juga dapat dimanfaatkan dalam hal ini.

Tanggung Jawab Utama *Ownership Entity* meliputi:

Penerapan tanggung jawab ini bergantung pada tingkat kepemilikan atau kendali Negara atas BUMN. Jika BUMN dimiliki secara tidak langsung melalui BUMN induk lain (dalam struktur grup korporat), maka perusahaan induk-lah bukan langsung Negara yang menjalankan tanggung jawab berikut. Jika terdapat pemegang saham lain, maka hak kepemilikan harus dijalankan sesuai hukum korporat, anggaran dasar, dan regulasi yang berlaku.

II.F.1. Hadir dalam RUPS dan secara efektif menjalankan hak suara.

Negara sebagai pemilik harus memenuhi kewajiban fidusianya dengan menjalankan hak suaranya, atau setidaknya memberikan penjelasan apabila tidak melakukannya. Negara tidak seharusnya berada dalam posisi tidak menanggapi usulan-usulan yang diajukan dalam RUPS BUMN. Penting untuk menetapkan prosedur yang tepat dalam perwakilan Negara di RUPS, yang dilakukan dengan secara jelas menetapkan *Ownership Entity* sebagai wakil resmi atas saham milik Negara.

Agar Negara dapat menyampaikan pandangannya terhadap isu-isu yang diajukan untuk disetujui dalam RUPS, *Ownership Entity* perlu mengorganisasi dirinya secara baik agar dapat menyampaikan pandangan yang terinformasi terhadap isu-isu tersebut dan menyampaikannya kepada Dewan Komisaris BUMN melalui forum RUPS.

II.F.2. Menetapkan dan menjaga proses nominasi Dewan Komisaris yang terstruktur dengan baik, berbasis merit, dan transparan; secara aktif berpartisipasi dalam nominasi seluruh anggota Dewan Komisaris BUMN; serta mendorong keberagaman gender dan bentuk keberagaman lainnya dalam Dewan Komisaris dan manajemen.

Ownership Entity harus memastikan bahwa BUMN memiliki Dewan Komisaris profesional yang efisien dan berfungsi dengan baik, dengan kombinasi kompetensi yang diperlukan untuk menjalankan tanggung jawabnya. Hal ini memerlukan pembentukan proses nominasi dan pengangkatan yang terstruktur, terlindungi dari pengaruh politik yang tidak semestinya, menghormati hak pemegang saham lainnya, serta melibatkan peran aktif *Ownership Entity* dalam proses tersebut. Proses ini akan lebih mudah dilakukan jika *Ownership Entity* diberi tanggung jawab tunggal dalam mengatur keterlibatan Negara dalam proses nominasi, khususnya apabila Negara secara langsung memegang saham BUMN tersebut.

Nominasi Dewan Komisaris BUMN harus dilakukan secara transparan melalui proses yang terstruktur dengan jelas dan didasarkan pada profil Dewan Komisaris serta penilaian atas beragam keterampilan, kompetensi, dan pengalaman yang dibutuhkan, termasuk untuk komite-komite khususnya. Persyaratan kompetensi dan pengalaman terkait sebaiknya ditentukan dari evaluasi terhadap Dewan Komisaris yang sedang menjabat serta kebutuhan terkait strategi jangka panjang perusahaan. Evaluasi ini juga harus mempertimbangkan peran keterwakilan karyawan dalam Dewan Komisaris, apabila diwajibkan oleh hukum, kesepakatan bersama, atau lazim dilakukan. Dasar nominasi berdasarkan persyaratan kompetensi yang eksplisit dan hasil evaluasi ini kemungkinan besar akan menghasilkan Dewan Komisaris yang lebih profesional, akuntabel, dan berorientasi pada tujuan. Proses nominasi dan pengangkatan yang berbasis merit juga harus memastikan bahwa pemilihan Dewan Komisaris tidak terikat pada proses elektoral, afiliasi politik, atau potensi konflik kepentingan lainnya yang dapat mengganggu independensi Dewan Komisaris.

Dewan Komisaris BUMN juga harus memiliki kemampuan untuk memberikan rekomendasi kepada *Ownership Entity* mengenai profil anggota Dewan Komisaris yang disetujui, persyaratan keterampilan, dan evaluasi anggota Dewan Komisaris. Pembentukan komite nominasi, komisi khusus, atau "*public board*" untuk mengawasi proses nominasi dapat menjadi langkah yang berguna untuk memfokuskan pencarian kandidat yang tepat dan menstrukturkan lebih lanjut proses nominasi tersebut. Calon yang diusulkan harus diumumkan sebelum RUPS (jika ini merupakan badan pengelola tertinggi), disertai informasi yang memadai mengenai, antara lain, latar belakang profesional, integritas, dan keahlian masing-masing kandidat. Jika nominasi dan pengangkatan dilakukan langsung oleh *Ownership Entity* tanpa melalui RUPS, maka pedoman yang sama tetap berlaku.

Akan sangat berguna apabila *Ownership Entity* memiliki basis data kandidat berkualifikasi yang dikembangkan melalui proses seleksi terbuka dan kompetitif. Penggunaan jasa lembaga penyedia tenaga profesional atau iklan internasional juga dapat meningkatkan kualitas proses pencarian. Praktik ini membantu memperluas kumpulan kandidat berkualifikasi untuk Dewan Komisaris BUMN, khususnya dalam hal keahlian sektor swasta dan pengalaman internasional. Proses ini juga dapat mendorong keberagaman Dewan Komisaris yang lebih besar, termasuk keberagaman gender.

Beberapa yurisdiksi telah menetapkan kuota wajib atau target sukarela untuk partisipasi perempuan dalam Dewan Komisaris dan manajemen senior (termasuk dalam Dewan Direksi pada sistem *two-tier*). *Ownership Entity* sebaiknya mempertimbangkan standar OECD mengenai gender dan bentuk keberagaman lainnya yang relevan dengan yurisdiksi dalam praktik nominasi mereka. Ini dapat didasarkan pada kriteria keberagaman seperti gender, usia, atau karakteristik demografis lainnya, serta pada pengalaman dan keahlian, misalnya dalam bidang akuntansi, digitalisasi, keberlanjutan, manajemen risiko, atau sektor tertentu.

Ownership Entity juga sebaiknya mempertimbangkan langkah-langkah tambahan dan pelengkap untuk memperkuat ketersediaan talenta perempuan dan keberagaman, dengan tujuan meningkatkan keberagaman dalam Dewan Komisaris dan manajemen.

II.F.3. Menetapkan dan memantau pelaksanaan mandat serta ekspektasi umum bagi BUMN, termasuk target keuangan, tujuan struktur permodalan, tingkat toleransi risiko, dan aspek keberlanjutan yang sejalan dengan alasan kepemilikan Negara.

Negara sebagai pemilik yang aktif, sebagaimana telah disebutkan sebelumnya, harus menetapkan dan mengkomunikasikan mandat serta ekspektasi umum bagi BUMN yang dimiliki sepenuhnya oleh Negara. Apabila Negara bukan satu-satunya pemilik dari suatu BUMN, secara umum Negara tidak berada dalam posisi untuk secara formal "mewajibkan" pencapaian tujuan tertentu, namun sebaiknya menyampaikan ekspektasinya melalui saluran standar sebagai pemegang saham yang signifikan.

Mandat BUMN merupakan dokumen ringkas, yang terkadang tercantum dalam peraturan perundang-undangan, yang memberikan gambaran umum mengenai tujuan jangka panjang tingkat tinggi dari suatu BUMN, sejalan dengan alasan kepemilikan Negara atas perusahaan tersebut. Mandat ini biasanya mendefinisikan aktivitas utama BUMN dan memberikan petunjuk terkait tujuan ekonomi utama dan, bila relevan, tujuan kebijakan publik. Mandat yang dirumuskan secara jelas akan membantu menjamin tingkat akuntabilitas yang sesuai di tingkat perusahaan dan dapat membatasi perubahan operasional yang tidak terduga, seperti kewajiban khusus satu kali dari Negara yang dapat mengancam keberlanjutan komersial BUMN. Mandat juga menyediakan kerangka kerja untuk membantu Negara dalam merumuskan serta memantau pencapaian tujuan dan target jangka pendek BUMN.

Selain menetapkan mandat umum bagi BUMN, *Ownership Entity* juga harus menyampaikan ekspektasi kinerja yang lebih spesifik baik keuangan, operasional, maupun non-keuangan kepada BUMN, termasuk yang berkaitan dengan keberlanjutan, serta secara rutin memantau pelaksanaannya. Hal ini bertujuan untuk menghindari situasi di mana BUMN diberikan otonomi yang berlebihan dalam menetapkan tujuannya sendiri atau dalam menentukan sifat serta cakupan dari tujuan kebijakan publik yang dijalankan, termasuk kewajiban pelayanan publik.

Tujuan yang ditetapkan dapat mencakup upaya untuk menghindari distorsi pasar dan mengejar profitabilitas, yang diekspresikan dalam bentuk target spesifik seperti target tingkat pengembalian (*rate of return*), kebijakan dividen, serta pedoman untuk menilai kelayakan struktur permodalan.

Penetapan tujuan mungkin melibatkan *trade-off*, misalnya antara nilai bagi pemegang saham, kapasitas investasi jangka panjang, tujuan kebijakan publik, sasaran dan harapan keberlanjutan, kewajiban pelayanan publik, bahkan juga keamanan kerja. Oleh karena itu, Negara seharusnya tidak hanya menetapkan tujuan utama sebagai pemilik, tetapi juga menunjukkan prioritasnya serta memperjelas bagaimana *trade-off* yang melekat akan dikelola. Dalam proses ini, Negara harus menghindari campur tangan dalam urusan operasional, dan dengan demikian menghormati independensi Dewan Komisaris.

II.F.4. Membangun sistem pelaporan yang memungkinkan *Ownership Entity* secara rutin memantau dan menilai kinerja BUMN, serta mengawasi dan memantau kepatuhan mereka terhadap standar tata kelola perusahaan yang berlaku, termasuk dengan memanfaatkan teknologi digital.

Agar *Ownership Entity* dapat mengambil keputusan yang tepat berdasarkan informasi pada isu-isu korporasi yang penting, entitas tersebut harus memastikan bahwa semua informasi yang diperlukan dan relevan diterima secara tepat waktu. *Ownership Entity* juga harus membangun sarana yang memungkinkan pemantauan aktivitas dan kinerja BUMN secara berkelanjutan, termasuk dengan memanfaatkan teknologi digital.

Ownership Entity harus memastikan bahwa sistem pelaporan eksternal yang memadai tersedia untuk semua BUMN. Sistem pelaporan ini harus memberikan gambaran yang akurat kepada *Ownership Entity* mengenai kinerja atau kondisi keuangan BUMN sesuai dengan standar akuntansi keuangan internasional yang diakui, sehingga memungkinkan pengambilan tindakan secara tepat waktu dan selektif. Sistem pelaporan tersebut juga harus dirancang agar badan pemerintah yang relevan dapat memantau dan mengevaluasi potensi risiko fiskal, terutama apabila dukungan Negara besar dan tergantung pada tingkat kepentingan sistemik BUMN yang dapat berdampak terhadap keuangan publik atau stabilitas keuangan.

Ownership Entity harus mengembangkan instrumen yang tepat dan memilih metode penilaian yang sesuai untuk memantau kinerja BUMN berdasarkan tujuan yang telah ditetapkan. Untuk keperluan ini, benchmarking kinerja BUMN secara sistematis terhadap entitas sektor publik maupun swasta, baik di dalam negeri maupun di luar negeri, dapat sangat membantu. Bagi BUMN yang tidak memiliki entitas pembanding untuk mengukur kinerja keseluruhannya, perbandingan dapat dilakukan pada elemen-elemen tertentu dari operasi dan kinerjanya. *Benchmarking* ini sebaiknya mencakup produktivitas serta efisiensi dalam penggunaan tenaga kerja, aset, dan modal. *Benchmarking* sangat penting terutama untuk BUMN yang beroperasi di sektor-sektor tanpa kompetitor, karena memungkinkan BUMN, *Ownership Entity*, dan publik untuk menilai kinerja serta perkembangan BUMN secara lebih objektif.

Pemantauan kinerja BUMN yang efektif dapat difasilitasi dengan tersedianya kompetensi yang memadai di bidang akuntansi dan audit dalam *Ownership Entity*, guna memastikan komunikasi yang tepat dengan para pemangku kepentingan terkait, termasuk layanan keuangan BUMN, auditor internal dan eksternal, serta pengawas Negara yang spesifik. *Ownership Entity* juga harus meminta agar Dewan Komisaris BUMN menetapkan sistem pengendalian internal, etika, dan kepatuhan yang memadai untuk mendeteksi dan mencegah pelanggaran hukum.

II.F.5. Menetapkan pedoman keterbukaan informasi untuk BUMN guna memastikan akuntabilitas publik melalui pengungkapan informasi yang relevan, saluran yang jelas, dan standar kualitas yang dapat dipertanggungjawabkan.

Untuk memastikan akuntabilitas yang memadai dari BUMN kepada pemegang saham, lembaga pelapor, dan publik secara luas, Negara sebagai pemilik perlu menyusun dan mengomunikasikan kebijakan transparansi dan keterbukaan informasi yang koheren bagi perusahaan-perusahaan yang dimilikinya. Kebijakan keterbukaan informasi ini harus menekankan pentingnya pelaporan informasi material oleh BUMN. Penyusunan kebijakan ini sebaiknya didasarkan pada tinjauan menyeluruh terhadap ketentuan hukum dan regulasi yang berlaku untuk BUMN, serta mengidentifikasi kesenjangan dalam persyaratan dan praktik yang ada dibandingkan dengan praktik baik yang diakui secara internasional, persyaratan pencatatan nasional, termasuk kode tata kelola perusahaan. Berdasarkan proses peninjauan ini, Negara dapat mempertimbangkan sejumlah langkah untuk memperbaiki kerangka transparansi dan keterbukaan informasi yang ada, seperti mengusulkan amandemen terhadap kerangka hukum dan regulasi, atau menyusun pedoman, prinsip, atau kode khusus untuk meningkatkan praktik di tingkat perusahaan. Proses ini harus melibatkan konsultasi yang terstruktur dengan Dewan Komisaris dan manajemen BUMN, serta dengan regulator, anggota legislatif, pemegang saham, dan pemangku kepentingan relevan lainnya.

Ownership Entity harus mengomunikasikan kerangka kerja transparansi dan keterbukaan informasi BUMN secara luas dan efektif, mendorong implementasinya, serta memastikan kualitas informasi di tingkat perusahaan, termasuk melalui penggunaan platform digital yang mudah diakses. Contoh mekanisme yang dapat digunakan antara lain: penyusunan panduan teknis dan pelatihan untuk BUMN; inisiatif khusus seperti pemberian penghargaan kinerja bagi BUMN dengan praktik keterbukaan informasi yang unggul; tingkat keyakinan independen dari pihak eksternal; serta mekanisme untuk mengukur, menilai, dan melaporkan pelaksanaan kewajiban keterbukaan informasi oleh BUMN.

II.F.6. Memastikan keterlibatan aktif dengan auditor eksternal dan otoritas pengawasan, sesuai kewenangan hukum dan proporsi kepemilikan Negara

Peraturan perundang-undangan nasional berbeda-beda terkait komunikasi dengan auditor eksternal. Di beberapa yurisdiksi, hal ini menjadi kewenangan Dewan Komisaris. Di yurisdiksi lain, dalam kasus BUMN yang sepenuhnya dimiliki Negara, fungsi kepemilikan sebagai satu-satunya wakil dari RUPS tahunan diharapkan menjalin komunikasi dengan auditor eksternal. Dalam hal ini, *Ownership Entity* perlu memiliki kapasitas yang memadai, termasuk pengetahuan rinci mengenai akuntansi keuangan, untuk melaksanakan fungsi tersebut. Bergantung pada ketentuan hukum yang berlaku, *Ownership Entity* dapat diberikan kewenangan melalui RUPS tahunan untuk mencalonkan, memilih, bahkan mengangkat auditor eksternal. Terkait BUMN yang sepenuhnya dimiliki Negara, *Ownership Entity* sebaiknya menjalin dialog yang berkelanjutan dengan auditor eksternal serta dengan organ pengawasan Negara khusus jika organ tersebut ada. Dialog berkelanjutan ini dapat berbentuk pertukaran informasi secara rutin, pertemuan, atau diskusi ketika terjadi permasalahan tertentu. Auditor eksternal akan memberikan pandangan eksternal, independen, dan profesional kepada *Ownership Entity* mengenai kinerja dan kondisi keuangan BUMN. Namun, dialog berkelanjutan antara *Ownership Entity* dengan auditor eksternal dan pengawas Negara tidak boleh mengurangi tanggung jawab Dewan Komisaris. Secara umum, praktik di mana auditor eksternal direkomendasikan oleh komite audit independen dari Dewan Komisaris atau badan setara, dan dipilih, diangkat, atau disetujui oleh komite/badan tersebut atau langsung oleh rapat pemegang saham, dapat dianggap sebagai praktik yang baik karena menegaskan bahwa auditor eksternal bertanggung jawab kepada para pemegang saham.

Ketika BUMN diperdagangkan di bursa atau dimiliki sebagian, *Ownership Entity* harus menghormati hak dan perlakuan yang adil terhadap pemegang saham minoritas. Dialog dengan auditor eksternal tidak boleh memberikan informasi istimewa kepada *Ownership Entity* dan harus mematuhi peraturan terkait informasi yang bersifat rahasia dan istimewa.

II.F.7. Memastikan bahwa hak kepemilikan dijalankan secara terkoordinasi ketika hak tersebut dialokasikan kepada beberapa *Ownership Entity* yang bertindak bersama.

Negara seharusnya menjalankan hak kepemilikannya secara langsung dan terkoordinasi. Ketika hak tersebut dialokasikan kepada beberapa *Ownership Entity*, baik secara langsung maupun tidak langsung, yang bertindak bersama, para pemegang saham sebaiknya diizinkan dan didorong untuk bekerja sama serta mengoordinasikan tindakan mereka dalam menominasikan dan memilih anggota Dewan Komisaris, mengajukan usulan agenda, dan berdiskusi langsung dengan BUMN guna meningkatkan tata kelola perusahaan, dengan tetap mematuhi hukum yang berlaku, termasuk ketentuan pelaporan pemilik manfaat (*beneficial ownership*). Namun demikian, perlu diakui bahwa kerja sama antar pemegang saham tidak boleh digunakan untuk memanipulasi pasar. Oleh karena itu, mekanisme pengamanan mungkin diperlukan untuk mencegah perilaku anti-persaingan, tindakan penyalahgunaan, dan untuk memastikan perlakuan yang adil terhadap seluruh pemegang saham, sesuai dengan rekomendasi yang dibahas dalam Bab IV Pedoman ini.

Kerja sama atau koordinasi semacam ini tidak boleh menghambat kemampuan *Ownership Entity* dalam menjalankan tugas fidusia mereka, atau menimbulkan konflik kepentingan dalam pelaksanaan tanggung jawab terhadap para pemangku kepentingannya. Mereka seharusnya menyusun dan mengungkapkan kebijakan mengenai bagaimana mereka menjalankan fungsi kepemilikan dalam BUMN tempat mereka berinvestasi serta bagaimana mereka mengelola konflik kepentingan, sesuai dengan standar tata kelola perusahaan OECD.

II.F.8. Menetapkan kebijakan remunerasi yang menyeluruh dan transparan untuk Dewan Komisaris BUMN, yang mendorong kepentingan jangka menengah dan panjang perusahaan, serta mampu menarik dan memotivasi profesional yang berkualifikasi.

Berbagai pendekatan kebijakan terkait remunerasi Dewan Komisaris diterapkan di berbagai Negara. Menetapkan kebijakan remunerasi menyeluruh yang jelas dan transparan penting untuk memberikan pedoman atau prinsip umum terkait remunerasi, yang biasanya dituangkan dalam kebijakan kepemilikan. Kebijakan tersebut dapat mencakup panduan mengenai tingkat remunerasi, peran komite remunerasi, serta mekanisme untuk keterbukaan informasi kepada publik dan akuntabilitas. Terdapat argumen kuat untuk menyelaraskan remunerasi anggota Dewan Komisaris BUMN dengan praktik pasar. Untuk BUMN yang memiliki tujuan ekonomi utama dan beroperasi dalam lingkungan yang kompetitif, tingkat remunerasi Dewan Komisaris sebaiknya disesuaikan dengan kepentingan jangka panjang BUMN serta mencerminkan kondisi pasar sejauh diperlukan untuk menarik dan mempertahankan anggota Dewan Komisaris yang berkualifikasi tinggi. Namun, perlu juga diantisipasi potensi penolakan publik terhadap BUMN dan *Ownership Entity* akibat persepsi negatif yang timbul dari tingkat remunerasi Dewan Komisaris yang dianggap berlebihan. Hal ini bisa menjadi tantangan dalam menarik talenta terbaik ke dalam Dewan Komisaris BUMN, meskipun faktor lain seperti reputasi, prestise, dan akses jejaring kadang juga dianggap sebagai nilai tambah yang signifikan.

Untuk menarik kandidat yang berkualitas dan profesional, skema remunerasi yang kompetitif dan merefleksikan kondisi pasar sangat dianjurkan. Skema ini juga dapat meningkatkan integritas Dewan Komisaris. Khususnya, representasi Negara harus menemukan keseimbangan yang tepat antara skema remunerasi yang terlalu rendah sehingga menyulitkan perekrutan kandidat berkualitas, dan remunerasi yang terlalu tinggi yang dapat menimbulkan kontroversi publik mengenai gaji berlebih di sektor publik atau menciptakan insentif yang keliru dan tidak sesuai dengan kepentingan jangka panjang BUMN dan pemegang saham. Di beberapa yurisdiksi, praktik yang baik mensyaratkan agar tingkat remunerasi Dewan Komisaris secara formal disetujui dalam RUPS tahunan, idealnya diusulkan atau disetujui oleh komite yang dibentuk oleh Dewan Komisaris atau RUPS, atau ditetapkan oleh *Ownership Entity* berdasarkan praktik pasar untuk mencerminkan kompleksitas operasional BUMN. Bergantung pada ukuran dan orientasi BUMN, tingkat remunerasi juga dapat ditentukan melalui undang-undang atau berdasarkan struktur gaji sektor publik, namun tetap harus dijaga agar tetap kompetitif. Praktik yang baik menganjurkan agar komponen remunerasi berbasis kinerja tidak diberikan kepada anggota Dewan Komisaris, karena hal ini dapat terlalu menyamakan kepentingan mereka dengan para eksekutif kunci, dan dapat mengganggu independensi mereka dengan mendorong manajemen mengambil risiko jangka pendek yang berlebihan. Dalam kasus di mana anggota Dewan Komisaris menerima remunerasi variabel, perlu pertimbangan cermat terhadap proporsi remunerasi yang dikaitkan dengan target kinerja.

Anotasi untuk Bab III: Aktivitas Ekonomi BUMN di Pasar

Sesuai dengan dasar rasional kepemilikan Negara, kerangka hukum, regulasi, dan kebijakan untuk BUMN harus menjamin terciptanya kesetaraan dan persaingan yang adil di pasar ketika BUMN menjalankan aktivitas ekonominya.

Ketika BUMN terlibat dalam aktivitas ekonomi, secara umum disepakati bahwa aktivitas tersebut harus dilakukan tanpa keunggulan atau kerugian yang tidak semestinya dibandingkan dengan BUMN lain atau perusahaan swasta. Namun, terdapat perbedaan pandangan mengenai bagaimana menciptakan kesetaraan tersebut dalam praktik terutama ketika BUMN juga menjalankan fungsi kebijakan publik yang tidak sepele. Selain tantangan spesifik seperti memastikan netralitas dalam aspek hukum, administratif, pajak, utang, dan regulasi, terdapat pula isu-isu yang lebih luas, termasuk identifikasi biaya dari kewajiban pelayanan publik dan, jika memungkinkan, pemisahan antara aktivitas ekonomi dan non-ekonomi. Netralitas harus dijaga sesuai dengan *OECD Recommendation on Competitive Neutrality*. Tantangan lainnya adalah meningkatnya internasionalisasi BUMN dan keterlibatannya dalam pasar dan rantai nilai global, yang membutuhkan solusi lebih lanjut untuk mencegah dan mengurangi potensi distorsi dalam persaingan, seperti yang disebabkan oleh aktivitas diskriminatif oleh BUMN.

III.A. Harus terdapat pemisahan yang jelas antara fungsi kepemilikan Negara dan fungsi Negara lainnya yang dapat memengaruhi kondisi pasar bagi BUMN, khususnya terkait regulasi pasar dan perumusan kebijakan.

Ketika Negara menjalankan peran sebagai pembuat kebijakan, regulator pasar, dan sekaligus pemilik BUMN yang bergerak dalam aktivitas ekonomi, Negara pada saat yang sama menjadi pemain pasar utama sekaligus wasit. Hal ini dapat menimbulkan konflik kepentingan yang tidak menguntungkan bagi perusahaan, Negara, maupun publik. Pemisahan tanggung jawab secara menyeluruh dan transparan antara perumusan kebijakan, kepemilikan, dan regulasi pasar merupakan prasyarat mendasar untuk menciptakan kesetaraan antara BUMN dan perusahaan swasta, serta untuk menghindari distorsi dalam persaingan. Pemisahan ini juga penting untuk mencegah pengaruh yang tidak semestinya dari Negara, dan karena itu merupakan rekomendasi utama dalam *OECD Guidelines on Anti-Corruption and Integrity in State-Owned Enterprises*, yang harus diimplementasikan secara penuh oleh para pihak yang berkomitmen terhadap pedoman ini.

Hal ini mencakup upaya memastikan bahwa fungsi pemerintahan yang bertanggung jawab atas pembuatan kebijakan, pengaturan pasar, atau industri tertentu dipisahkan dari fungsi pemerintahan yang bertanggung jawab atas kepemilikan BUMN di industri yang sama. Contoh penting lainnya adalah ketika BUMN digunakan sebagai sarana untuk menjalankan tujuan kebijakan publik tertentu, seperti pembangunan berkelanjutan, stabilisasi makroekonomi, atau pertumbuhan ekonomi. Dalam situasi seperti ini, ketiadaan pemisahan antara fungsi kepemilikan dan perumusan kebijakan menjadi bermasalah karena berbagai alasan yang dijelaskan dalam Pedoman ini, dan dapat dengan mudah menimbulkan kebingungan tujuan serta konflik kepentingan antarbagian dalam tubuh Negara.

Pemisahan antara kebijakan publik dan fungsi kepemilikan tidak harus menghalangi koordinasi yang diperlukan antar instansi terkait. Justru, pemisahan ini akan memperkuat identitas Negara sebagai pemilik, serta meningkatkan transparansi dalam penetapan tujuan, pemantauan kinerja, dan penyelarasan kebijakan terutama yang berkaitan dengan keberlanjutan.

Untuk mencegah konflik kepentingan, penting juga untuk memisahkan secara jelas dan transparan fungsi kepemilikan dari entitas dalam administrasi Negara yang mungkin menjadi klien atau pemasok utama bagi BUMN. Hambatan hukum maupun non-hukum terhadap proses pengadaan yang adil harus dihapuskan. Dalam mengimplementasikan pemisahan peran Negara yang efektif terkait BUMN, baik konflik kepentingan yang nyata maupun yang dipersepsikan harus diperhitungkan.

III.B. Pemangku kepentingan dan pihak lain yang berkepentingan, termasuk para pesaing, harus memiliki akses terhadap mekanisme penyelesaian sengketa yang efisien melalui proses hukum, mediasi, atau arbitrase yang tidak memihak apabila mereka merasa haknya telah dilanggar. Bentuk hukum BUMN harus memungkinkan BUMN untuk mengajukan prosedur kepailitan serta memberikan hak bagi kreditur untuk menagih klaim mereka.

BUMN maupun Negara sebagai pemegang saham tidak boleh dilindungi dari tuntutan hukum apabila dituduh melanggar hukum atau tidak menghormati kewajiban kontraktual. Pemangku kepentingan dan pihak lain yang berkepentingan, termasuk pesaing, harus memiliki akses terhadap mekanisme penyelesaian sengketa yang efektif, dan memiliki hak untuk menggugat BUMN maupun Negara sebagai pemilik di pengadilan atau tribunal, atau jika disepakati bersama, melalui mekanisme penyelesaian sengketa alternatif (misalnya arbitrase & mediasi), serta harus diperlakukan secara adil dan setara oleh sistem hukum dan peradilan dalam proses tersebut.

Mereka harus dapat melakukannya tanpa takut akan adanya reaksi negatif dari pihak Negara yang menjalankan fungsi kepemilikan atas BUMN yang menjadi subjek sengketa. BUMN juga harus tunduk pada aturan kebangkrutan dan kepailitan yang setara dengan yang diberlakukan terhadap perusahaan swasta pesaing yang sebanding.

III.C. Ketika BUMN melaksanakan kewajiban pelayanan public (PSO), kewajiban tersebut harus diidentifikasi secara transparan dan spesifik, guna memungkinkan atribusi biaya dan pendapatan yang akurat.

Dalam menjalankan kewajiban pelayanan publik, sangat penting untuk mengungkapkan secara menyeluruh seluruh kewajiban tersebut, termasuk dasar pertimbangannya, cakupannya, serta kompensasi atau keuntungan yang terkait. Pemisahan secara struktural atau akuntansi atas aktivitas-aktivitas ini seharusnya memudahkan proses identifikasi, perhitungan biaya, dan pendanaan kewajiban pelayanan publik secara akurat dan transparan.

Secara khusus:

III.C.1. Standar tinggi transparansi dan pengungkapan terhadap biaya dan pendapatan harus dijaga.

Kewajiban pelayanan publik harus diidentifikasi dan diungkapkan secara transparan dan spesifik. Idealnya, harus diterapkan pemisahan secara akuntansi, fungsional, atau korporasi agar aktivitas-aktivitas yang berbeda dapat dicatat secara terpisah. Namun, perlu disadari bahwa tergantung pada faktor-faktor produksi masing-masing BUMN termasuk teknologi, peralatan modal, dan sumber daya manusia pemisahan struktural tidak selalu memungkinkan dan ketika memungkinkan terkadang tidak efisien secara ekonomi. Manfaat dan biaya dari pemisahan struktural harus dipertimbangkan secara hati-hati terhadap manfaat dan biaya dari pendekatan perilaku (*behavioural measures*).

Ketika kewajiban pelayanan publik masih terintegrasi dengan aktivitas ekonomi lainnya, biasanya terdapat pembagian biaya, aset, atau kewajiban. Untuk menjamin kesetaraan di pasar, diperlukan tingkat transparansi dan pengungkapan yang tinggi terhadap struktur biaya. Hal ini menjadi semakin penting apabila BUMN menerima subsidi pemerintah atau perlakuan istimewa lainnya.

Oleh karena itu, pemisahan biaya dan aset antara akun yang berkaitan dengan kewajiban pelayanan publik dan akun untuk aktivitas ekonomi lainnya harus dilakukan guna menghindari subsidi silang (*cross-subsidisation*) yang dapat mendistorsi pasar.

III.C.2. Biaya bersih terkait pelaksanaan kewajiban pelayanan publik harus didanai secara terpisah, proporsional, dan terbuka, guna memastikan bahwa kompensasi tidak digunakan untuk subsidi silang.

Untuk menjaga kesetaraan dengan pesaing swasta, BUMN perlu diberi kompensasi yang memadai atas pelaksanaan kewajiban pelayanan publik, dengan langkah-langkah untuk menghindari kelebihan atau kekurangan kompensasi. Di satu sisi, kelebihan kompensasi atas kewajiban pelayanan publik dapat menyebabkan BUMN menjadi kurang efisien dan bahkan berpotensi menjadi subsidi terselubung atas aktivitas komersial mereka, sehingga mengganggu kesetaraan persaingan dengan perusahaan swasta. Di sisi lain, kekurangan kompensasi dapat mengancam kelangsungan usaha BUMN dan menempatkannya pada posisi yang tidak menguntungkan dibandingkan pesaing.

Oleh karena itu, penting agar setiap biaya bersih yang timbul dari pelaksanaan kewajiban pelayanan publik diidentifikasi dengan jelas, diungkapkan secara transparan, dan dikompensasi secara memadai berdasarkan ketentuan hukum tertentu dan/atau melalui mekanisme kontraktual, seperti kontrak manajemen atau kontrak layanan. Pengaturan pendanaan yang terkait juga harus diungkapkan. Kompensasi harus dirancang sedemikian rupa agar tidak menimbulkan distorsi pasar, khususnya jika BUMN yang bersangkutan menjalankan kewajiban pelayanan publik di samping aktivitas ekonominya.

Penting agar kompensasi yang diberikan kepada BUMN disesuaikan dengan biaya bersih untuk memenuhi kewajiban pelayanan publik yang telah ditetapkan secara jelas, dan tidak digunakan untuk menutupi ketidakefisienan keuangan atau operasional. Kompensasi tidak boleh digunakan untuk membiayai aktivitas ekonomi BUMN di luar kewajiban pelayanan publik, termasuk untuk kegiatan di pasar lain, atau untuk subsidi silang terhadap BUMN atau perusahaan swasta lainnya.

Pendanaan dan pelaksanaan kewajiban pelayanan publik harus dimonitor, dievaluasi melalui sistem pemantauan kinerja menyeluruh, dan ditinjau secara berkala. Pembentukan atau pemeliharaan pengawasan independen oleh badan pengawas Negara yang relevan harus memastikan bahwa penghitungan pendanaan kewajiban pelayanan publik dilakukan berdasarkan target dan tujuan yang jelas, secara proporsional, transparan, dan didasarkan pada biaya yang efisien, termasuk biaya modal.

III.D. Sebagai aturan umum, BUMN tidak seharusnya digunakan untuk mensubsidi atau memberikan keuntungan kepada entitas komersial lainnya. Jika BUMN digunakan untuk menyalurkan dukungan sesuai dengan tujuan kebijakan publik, maka perlu dipastikan bahwa: (i) langkah dukungan tersebut konsisten dengan aturan persaingan usaha dan perdagangan yang berlaku; (ii) bentuk dukungan dan sumber pendanaannya didefinisikan dengan jelas dan diumumkan secara terbuka; serta (iii) langkah dukungan tersebut tidak menyebabkan kerugian yang tidak adil terhadap entitas komersial lainnya.

Secara umum, BUMN tidak seharusnya digunakan untuk mensubsidi entitas komersial dan harus memastikan bahwa setiap bentuk dukungan tersebut dilakukan secara transparan dan selaras dengan kewajiban di bidang perdagangan dan persaingan usaha.

Namun demikian, dalam rangka menjalankan kewajiban kebijakan publik, terkadang BUMN diminta untuk menyalurkan hibah, pinjaman, atau bentuk keuntungan lain kepada entitas komersial. Keputusan untuk memberikan peran semacam ini kepada BUMN harus mempertimbangkan prinsip-prinsip seperti yang diatur dalam Pedoman I.A, yaitu memaksimalkan nilai jangka panjang secara efisien dan berkelanjutan.

Kewajiban semacam ini tidak boleh mengakibatkan kerugian yang tidak adil, yang tidak memiliki dasar hukum atau bersifat tidak proporsional.

Contoh keuntungan yang dapat menimbulkan kekhawatiran termasuk subsidi seperti pinjaman dengan syarat ringan, jaminan pinjaman, investasi dalam bentuk modal atau ekuitas, serta dukungan dalam bentuk barang atau jasa dengan harga di bawah nilai pasar, misalnya dalam bentuk energi, properti, teknologi informasi, infrastruktur, atau akses terhadap data dan sumber informasi. Pemberian dukungan melalui BUMN harus sesuai dengan aturan yang berlaku.

Jika dukungan yang diberikan melalui BUMN bertujuan untuk memastikan penyediaan barang dan jasa yang tidak tersedia di pasar komersial atau yang enggan disediakan oleh sektor swasta, maka biasanya tidak menimbulkan kekhawatiran terhadap persaingan. Namun, ketika intervensi dilakukan di pasar yang terdapat atau berpotensi terdapat persaingan, penting untuk mengevaluasi dampaknya terhadap efisiensi pasar dan biaya ekonominya.

Sejalan dengan prinsip di atas, subsidi atau keuntungan yang diberikan dalam rangka pencapaian tujuan kebijakan publik harus diungkapkan secara terbuka, termasuk oleh BUMN yang bersangkutan.

Perhatian harus diberikan agar setiap bentuk dukungan tersebut konsisten dengan hukum, regulasi, dan kewajiban internasional yang berlaku. Pemberian hibah, pinjaman, atau keuntungan lainnya kepada perusahaan dapat bertentangan dengan aturan perdagangan dan investasi internasional, serta dapat mengganggu prinsip netralitas persaingan.

III.E. Negara tidak boleh memberikan pengecualian kepada BUMN, ketika menjalankan aktivitas ekonomi, dari penerapan dan penegakan hukum, regulasi, serta mekanisme berbasis pasar; dan harus memastikan netralitas dalam hal pajak, utang, dan regulasi guna mencegah diskriminasi yang tidak semestinya antara BUMN dan para pesaingnya.

Ketika BUMN menjalankan aktivitas ekonomi, pengecualian baik secara hukum maupun praktik terhadap ketentuan hukum dan regulasi yang berlaku bagi perusahaan sektor swasta (misalnya hukum perpajakan, administrasi, persaingan usaha, kepailitan, serta peraturan tata ruang dan bangunan), sebaiknya dihindari.

BUMN dan pesaing swastanya secara umum harus diperlakukan setara, termasuk dalam hal prinsip perlakuan nasional (national treatment) dan aturan akses pasar. Hal ini juga mencakup *OECD Declaration on International Investment and Multinational Enterprises*, *OECD Code of Liberalisation of Current Invisible Operations* [OECD/LEGAL/0001], dan *OECD Code of Liberalisation of Capital Movements* [OECD/LEGAL/0002], jika berlaku.

Ketika BUMN mendapatkan keuntungan yang tidak semestinya karena status kepemilikan Negara seperti perlakuan istimewa dan kekebalan regulasi, kelonggaran anggaran, akses terhadap jaminan Negara secara eksplisit atau implisit, serta pembiayaan di bawah harga pasar mereka mungkin menjadi kurang responsif terhadap mekanisme berbasis pasar (misalnya mekanisme harga karbon atau skema perdagangan emisi yang bertujuan mengurangi emisi karbon). Hal yang sama berlaku ketika BUMN tidak mematuhi standar RBC, yang juga dapat memengaruhi persaingan usaha.

III.F. Aktivitas ekonomi BUMN harus dijalankan dalam kondisi yang konsisten dengan mekanisme pasar, termasuk dalam hal pembiayaan utang dan ekuitas.

Langkah-langkah harus diterapkan untuk memastikan bahwa seluruh aktivitas ekonomi BUMN termasuk pembelian dan penjualan barang dan jasa, serta ketentuan terkait akses, pemberian, dan penerimaan pembiayaan utang maupun ekuitas dilaksanakan dalam kondisi yang sejalan dengan prinsip-prinsip pasar, terlepas dari apakah pembiayaan aktivitas ekonomi BUMN berasal dari anggaran Negara, BUMN lain, atau pasar komersial.

Secara khusus:

III.F.1. Semua hubungan bisnis BUMN, termasuk dengan lembaga keuangan, harus dilakukan berdasarkan pertimbangan komersial murni.

Para kreditur kadang mengasumsikan bahwa utang BUMN dijamin secara implisit oleh Negara. Situasi ini dalam banyak kasus menyebabkan akses pendanaan yang lebih mudah atau biaya pendanaan yang secara artifisial lebih rendah, yang pada akhirnya mengganggu struktur persaingan pasar. Lebih jauh lagi, di Negara-Negara di mana lembaga keuangan milik Negara atau investor institusi milik Negara menjadi kreditur utama BUMN, terdapat potensi konflik kepentingan yang signifikan. Ketergantungan terhadap lembaga keuangan dan investor milik Negara dapat melindungi BUMN dari tekanan dan pengawasan pasar yang seharusnya menjadi sumber penting akuntabilitas, sehingga mengganggu insentif internal, meningkatkan risiko utang berlebih, pemborosan sumber daya, dan distorsi pasar.

Diperlukan pembedaan yang jelas antara tanggung jawab Negara dan tanggung jawab BUMN terhadap para kreditur. Mekanisme harus dikembangkan untuk mengelola konflik kepentingan dan memastikan bahwa hubungan BUMN dengan bank milik Negara, lembaga keuangan lainnya, dan investor institusi maupun BUMN lain dibangun murni atas dasar komersial. Bank milik Negara harus memberikan kredit kepada BUMN dengan syarat dan ketentuan yang sama seperti kepada perusahaan swasta. Mekanisme tersebut dapat mencakup pembatasan serta pengawasan ketat terhadap anggota Dewan Komisaris BUMN yang juga duduk dalam Dewan Komisaris bank milik Negara.

Apabila Negara memberikan jaminan kepada BUMN sebagai kompensasi atas ketidakmampuan Negara dalam memberikan tambahan modal ekuitas, maka dapat muncul permasalahan tambahan. Sebagai prinsip umum, Negara tidak seharusnya memberikan jaminan otomatis terhadap kewajiban BUMN. Praktik yang adil terkait pengungkapan dan imbal jasa atas jaminan Negara perlu dikembangkan, dan BUMN harus didorong untuk mencari pembiayaan dari pasar modal.

Terkait dengan pemberi pinjaman komersial, dan untuk mengatasi isu jaminan Negara implisit, Negara harus menyampaikan secara jelas kepada seluruh pelaku pasar bahwa Negara tidak menjamin utang yang ditanggung oleh BUMN, atau secara transparan mengungkapkan setiap bentuk intervensi yang mungkin diberikan dalam situasi darurat atau krisis. Negara juga sebaiknya mempertimbangkan mekanisme untuk menetapkan pembayaran kompensasi kepada kas Negara dari BUMN yang memperoleh biaya pendanaan lebih rendah dibandingkan perusahaan swasta dalam kondisi yang sama.

Hubungan bisnis antara BUMN dengan mitra usaha lainnya termasuk BUMN lain harus dilakukan secara wajar, berjarak (*arm's length*), dan berdasarkan pertimbangan komersial, serta tidak boleh digunakan untuk melakukan subsidi silang terhadap BUMN atau entitas swasta lainnya.

III.F.2. Aktivitas ekonomi BUMN tidak boleh menerima atau memberikan dukungan keuangan langsung maupun tidak langsung yang memberikan keuntungan dibandingkan pesaing swasta, seperti pembiayaan utang atau ekuitas dengan syarat istimewa, jaminan, perlakuan pajak yang longgar, atau kredit perdagangan yang preferensial.

Untuk menjaga kesetaraan di pasar, BUMN harus tunduk pada perlakuan pembiayaan dan perpajakan yang setara atau sepadan dengan perusahaan swasta dalam kondisi yang sama. Tidak boleh ada ekspektasi bahwa BUMN dapat memanfaatkan kedekatannya dengan pemerintah untuk menunggak pajak atau mendapatkan kelonggaran dalam penegakan aturan perpajakan.

BUMN secara umum tidak boleh menerima pendanaan "di luar pasar" dari BUMN lain atau Negara, seperti kredit perdagangan atau penyertaan modal dengan valuasi di bawah harga pasar. Pengaturan seperti ini, kecuali sepenuhnya konsisten dengan praktik korporasi pada umumnya, tergolong sebagai pembiayaan preferensial. Negara harus menerapkan langkah-langkah untuk memastikan bahwa transaksi antar BUMN dilakukan murni atas dasar komersial.

Negara juga harus memberi perhatian khusus terhadap praktik kepemilikannya atas lembaga keuangan milik Negara, yang tidak boleh memberikan keuntungan yang tidak sesuai dengan kondisi pasar. Misalnya, lembaga keuangan milik Negara tidak boleh memberikan pinjaman atau pembiayaan di bawah tingkat pasar. Selain itu, penyertaan modal Negara yang berasal dari dana investasi Negara tidak boleh diberikan atau dipertahankan dalam kondisi yang tidak sesuai dengan prinsip pasar.

Dukungan Negara yang bersifat *ad hoc* (misalnya dalam bentuk pembiayaan atau penyertaan modal di bawah harga pasar) yang diberikan karena keadaan darurat atau krisis harus sejalan dengan prinsip *competitive neutrality*, yaitu dukungan darurat tersebut harus transparan, terarah, bersifat sementara, tidak mendistorsi perdagangan dan persaingan, serta konsisten dengan tujuan jangka panjang. Pemilik Negara harus mengikuti praktik terbaik internasional terkait bantuan darurat pemerintah, termasuk mendiskusikan, mengidentifikasi, dan/atau mengusulkan alternatif yang lebih netral terhadap persaingan namun tetap memungkinkan pencapaian tujuan kebijakan publik.

Dukungan *ad hoc* semacam ini harus selalu disertai dengan rencana keluar (*exit plan*) yang transparan.

Prinsip *competitive neutrality* harus dijaga sesuai dengan *OECD Recommendation on Competitive Neutrality*.

III.F.3. Aktivitas ekonomi BUMN tidak boleh menerima atau memberikan input non-keuangan seperti barang, energi, air, properti, akses data, lahan, tenaga kerja, atau bentuk pengaturan lain (seperti hak lintas atau konsesi) dengan harga atau ketentuan yang lebih menguntungkan dibandingkan yang tersedia bagi pesaing swasta.

BUMN tidak boleh menerima atau memberikan input non-keuangan seperti properti, barang, jasa, akses terhadap data dan sumber informasi, atau infrastruktur dengan harga atau ketentuan yang lebih menguntungkan dibandingkan perusahaan swasta yang beroperasi secara independen (*arm's length*) dan berdasarkan pertimbangan komersial kecuali sebagai bentuk kompensasi atas pelaksanaan kewajiban pelayanan publik.

BUMN dan perusahaan swasta harus melakukan negosiasi dan memperoleh akses terhadap konsesi dengan ketentuan yang setara.

III.F.4. Aktivitas ekonomi BUMN seharusnya diwajibkan menghasilkan tingkat pengembalian investasi yang berkelanjutan dan sebanding dengan yang diperoleh oleh perusahaan swasta yang bersaing dalam kondisi serupa, kecuali untuk pelaksanaan kewajiban pelayanan publik.

Aktivitas ekonomi BUMN diharapkan dapat menghasilkan tingkat pengembalian yang, dalam jangka panjang, sebanding dengan perusahaan pesaing yang beroperasi dalam kondisi serupa. Hal ini tidak berarti bahwa tingkat pengembalian BUMN harus identik dengan perusahaan swasta.

Tingkat pengembalian harus dipertimbangkan dalam jangka panjang dan mencerminkan keseluruhan siklus hidup produk, karena bahkan di antara perusahaan swasta yang beroperasi dalam pasar yang sangat kompetitif, tingkat pengembalian dapat bervariasi secara signifikan dalam jangka pendek dan menengah. Selain itu, perusahaan swasta pun secara sukarela dan sering kali karena kewajiban telah mulai memperhitungkan biaya-biaya terkait.

Ketika BUMN menjalankan aktivitas ekonomi, setiap pembiayaan ekuitas yang berasal dari anggaran Negara harus disertai dengan target minimum tingkat pengembalian yang diharapkan, yang sejalan dengan kondisi perusahaan swasta dalam situasi yang sebanding.

Beberapa pemerintah memperbolehkan tingkat pengembalian yang lebih rendah untuk mengimbangi anomali neraca keuangan, seperti kebutuhan belanja modal yang tinggi secara temporer. Praktik ini juga lazim di sektor korporasi lainnya dan, selama dikalibrasi dengan hati-hati, tidak berarti menyimpang dari prinsip persaingan yang adil (*level playing field*).

Sebaliknya, beberapa pemerintah dapat menurunkan target pengembalian BUMN untuk mengompensasi pelaksanaan kewajiban pelayanan publik tertentu. Hal ini hanya dapat dibenarkan jika penurunan RoR secara langsung dikaitkan dengan pencapaian kewajiban pelayanan publik tersebut.

Target tingkat pengembalian seharusnya mencerminkan profil risiko dan struktur modal dari BUMN yang bersangkutan, selaras dengan Pedoman I.A.

III.G. Ketika BUMN terlibat dalam proses pengadaan publik, baik sebagai peserta tender maupun sebagai penyelenggara pengadaan, prosedurnya harus terbuka, kompetitif, berdasarkan kriteria seleksi yang adil dan objektif, mendorong keragaman pemasok, serta dijaga dengan standar integritas dan transparansi yang memadai, guna memastikan bahwa BUMN dan para pemasok atau pesaing potensialnya tidak menerima keuntungan atau kerugian yang tidak semestinya.

Keterlibatan BUMN dalam proses pengadaan publik merupakan isu yang menjadi perhatian pemerintah yang berkomitmen terhadap persaingan yang adil (*level playing field*). Undang-undang sebaiknya mengatur rezim pengadaan yang pada prinsipnya adil, terbuka, dan transparan, sejalan dengan OECD *Recommendation on Public Procurement* [OECD/LEGAL/0411]. Baik aturan tersebut hanya berlaku bagi pemerintah umum maupun diperluas ke BUMN, penting bagi BUMN untuk bersikap transparan terhadap aturan dan kerangka kerja yang digunakan dalam pengadaan.

Ketika BUMN terlibat dalam pengadaan publik baik sebagai peserta tender maupun sebagai penyelenggara prosedurnya harus transparan, kompetitif, didasarkan pada kriteria seleksi yang adil dan objektif, mendorong keragaman pemasok, serta dijaga dengan standar integritas yang sesuai.

Secara umum, aktivitas BUMN dapat dibagi menjadi dua jenis: aktivitas untuk tujuan komersial (penjualan kembali), dan aktivitas untuk memenuhi tujuan pemerintah. Dalam kasus di mana BUMN menjalankan tujuan pemerintah, atau dalam hal suatu aktivitas mendukung pencapaian tujuan tersebut, BUMN sebaiknya mengadopsi prosedur pengadaan pemerintah yang sesuai dengan praktik terbaik.

Monopoli yang dikelola oleh BUMN harus mengikuti aturan pengadaan yang berlaku bagi sektor pemerintahan umum. BUMN sebagai penyelenggara pengadaan didorong untuk menggunakan mekanisme tender terbuka, namun tetap diberi keleluasaan dalam memilih metode pengadaan yang sesuai untuk aktivitas komersialnya, terutama jika mereka bersaing dengan perusahaan swasta dalam segmen pasar yang sama guna memastikan tidak terjadi kerugian yang tidak semestinya.

Penggunaan teknologi digital, seperti e-procurement, dapat didorong untuk meningkatkan transparansi dan integritas dalam proses pengadaan.

III.H. Ketika aktivitas ekonomi BUMN memengaruhi perdagangan, investasi, atau persaingan, maka seluruh aktivitas bisnis selain pelaksanaan kewajiban pelayanan publik harus dilakukan berdasarkan pertimbangan komersial. Aktivitas tersebut juga harus dijalankan sesuai dengan prinsip bisnis yang bertanggung jawab dan standar integritas yang tinggi.

Pedoman ini secara khusus menyoroti tindakan atau aktivitas BUMN dalam konteks perilaku bisnis. Semakin banyak aktivitas ekonomi BUMN yang memengaruhi atau berpotensi memengaruhi perdagangan, investasi, atau persaingan. Negara harus memberi perhatian terhadap dampak BUMN-nya terhadap perdagangan, investasi, atau persaingan, serta menghindari segala bentuk distorsi pasar, terutama ketika pemilik Negara memberikan posisi pasar domestik yang menguntungkan kepada BUMN yang kemudian digunakan sebagai keunggulan kompetitif di pasar terkait lainnya.

Karena peran penting BUMN dalam perekonomian nasional dan keterlibatannya di sektor-sektor strategis yang menyediakan layanan publik penting seperti transportasi, utilitas publik, dan keuangan konsentrasi BUMN di sektor-sektor ini dapat berdampak langsung pada lanskap persaingan usaha. Pertama, intervensi Negara di sektor-sektor tersebut, terutama di sektor industri, memainkan peran penting baik pada sisi hulu maupun hilir dalam rantai nilai internasional. Kedua, terdapat tingkat perdagangan lintas batas dan investasi yang tinggi di sebagian besar sektor ini. Ketiga, BUMN di sektor jaringan (*network industries*) sering kali beroperasi dalam struktur yang terintegrasi secara vertikal dengan monopoli di bagian tertentu dari rantai nilainya. Artinya, mereka dapat memengaruhi kondisi masuknya pesaing potensial di berbagai aktivitas komersial.

Namun demikian, perlu dibedakan ketika membahas kewajiban pelayanan publik. Sebagai pengecualian terhadap aturan umum, persyaratan untuk mengikuti pertimbangan komersial tidak berlaku jika BUMN sedang menjalankan kewajiban pelayanan publik. Dalam melaksanakan kewajiban tersebut, BUMN tidak boleh melakukan diskriminasi dalam pembelian, dan hanya boleh melakukan diskriminasi dalam penjualan jika memang diperlukan berdasarkan sifat dari kewajiban pelayanan publik yang dijalankan.

Untuk pembahasan mengenai pengadaan publik, lihat Pedoman III.G dan *OECD Recommendation on Public Procurement*.

Seluruh aktivitas baik yang bersifat ekonomi maupun non-ekonomi harus dijalankan sejalan dengan standar OECD yang relevan, khususnya terkait integritas dan perilaku bisnis yang bertanggung jawab (RBC).

Anotasi untuk Bab IV: Perlakuan Setara terhadap Pemegang Saham dan Investor Lain

Jika BUMN terdaftar di bursa atau memiliki pemegang saham selain Negara, maka Negara dan perusahaan tersebut harus mengakui hak semua pemegang saham, termasuk pemegang saham minoritas dan asing, serta memastikan perlakuan yang adil dan akses yang setara terhadap informasi perusahaan bagi semua pemegang saham.

Negara memiliki kepentingan untuk memastikan bahwa semua pemegang saham diperlakukan secara adil dalam seluruh perusahaan di mana Negara memiliki kepemilikan. Reputasi Negara dalam hal ini akan memengaruhi kemampuan BUMN untuk menarik pendanaan eksternal dan penilaian terhadap perusahaan. Oleh karena itu, Negara harus memastikan bahwa pemegang saham lainnya tidak memandang Negara sebagai pemilik yang tertutup, tidak dapat diprediksi, dan tidak adil. Sebaliknya, Negara harus menunjukkan diri sebagai teladan dan mengikuti praktik terbaik terkait perlakuan terhadap pemegang saham.

IV.A. Negara sebaiknya berupaya untuk mengimplementasikan secara penuh G20/OECD *Principles of Corporate Governance* ketika Negara bukan satu-satunya pemilik BUMN, dan menerapkan semua bagian yang relevan ketika Negara adalah satu-satunya pemilik BUMN.

Terkait perlindungan pemegang saham, ini mencakup:

IV.A.1. Negara dan BUMN harus memastikan bahwa semua pemegang saham diperlakukan secara adil.

Apabila sebagian modal BUMN dimiliki oleh pemegang saham swasta baik institusi maupun individu Negara harus mengakui hak mereka. Pemegang saham non-Negara harus dilindungi dari tindakan sewenang-wenang oleh Negara sebagai pemilik, dan harus memiliki akses terhadap mekanisme penyelesaian pelanggaran hak yang efektif, dengan biaya yang wajar dan tanpa penundaan yang berlebihan. Selain itu, pemegang saham swasta tidak boleh mengalami ekspropriasi oleh Negara tanpa alasan yang sah dan kompensasi yang sesuai dengan nilai pasar. Perdagangan orang dalam (*insider trading*), manipulasi pasar, dan transaksi pribadi yang merugikan harus dilarang. Hak memesan efek terlebih dahulu (*pre-emptive rights*) dan ketentuan mayoritas khusus dalam keputusan pemegang saham tertentu juga bisa menjadi alat preventif untuk melindungi pemegang saham minoritas. Perlindungan khusus harus diberikan dalam kasus privatisasi sebagian atas BUMN.

Sebagai pemegang saham dominan, Negara dalam banyak kasus dapat mengambil keputusan dalam RUPS tanpa persetujuan dari pemegang saham lainnya. Negara umumnya memiliki wewenang untuk menentukan susunan Dewan Komisaris. Meskipun kewenangan tersebut merupakan hak yang sah dari kepemilikan, penting bagi Negara untuk tidak menyalahgunakan posisinya sebagai pemilik dominan, misalnya dengan mengejar tujuan yang tidak sesuai dengan kepentingan perusahaan dan merugikan pemegang saham lainnya. Penyalahgunaan ini dapat terjadi melalui transaksi afiliasi yang tidak tepat, keputusan bisnis yang bias, atau perubahan struktur modal yang menguntungkan pemilik mayoritas.

Ownership Entity harus mengembangkan pedoman terkait perlakuan adil terhadap pemegang saham non-Negara. Ia harus memastikan bahwa masing-masing BUMN, khususnya Dewan Komisaris mereka, sepenuhnya menyadari pentingnya hubungan dengan pemegang saham dan secara aktif memperkuat hubungan tersebut. Ketika Negara memiliki kendali yang melebihi porsi sahamnya, terdapat potensi penyalahgunaan kekuasaan. Penggunaan *golden shares* harus dibatasi hanya pada kasus yang benar-benar diperlukan untuk melindungi kepentingan publik tertentu seperti keamanan publik, dan harus proporsional dengan tujuan tersebut. Lebih lanjut, pemerintah harus mengungkapkan keberadaan perjanjian pemegang saham dan struktur modal yang memungkinkan seorang pemegang saham memiliki kendali atas perusahaan secara tidak proporsional terhadap porsi kepemilikan sahamnya.

IV.A.2. BUMN harus menjunjung tinggi transparansi yang tinggi, termasuk penyampaian informasi terkini secara setara dan serentak kepada semua pemegang saham.

Salah satu prasyarat utama dalam melindungi hak pemegang saham adalah memastikan tingkat transparansi yang tinggi. Sebagai aturan umum, informasi material harus disampaikan kepada semua pemegang saham secara serentak untuk menjamin perlakuan yang adil, termasuk informasi mengenai kondisi keuangan, kinerja, keberlanjutan, struktur kepemilikan, dan tata kelola BUMN. Ini juga mencakup pelaporan secara tepat waktu dan serentak atas perkembangan material yang terjadi di antara periode laporan rutin. Selain itu, setiap bentuk perjanjian antar pemegang saham, termasuk perjanjian informasi yang melibatkan anggota Dewan Komisaris, harus diungkapkan secara terbuka.

Pemegang saham minoritas dan lainnya harus memiliki akses terhadap seluruh informasi yang dibutuhkan untuk mengambil keputusan investasi yang tepat. Di sisi lain, pemegang saham mayoritas, termasuk *Ownership Entity*, tidak boleh menyalahgunakan informasi yang mereka peroleh karena posisinya sebagai pemegang saham pengendali atau anggota Dewan Komisaris. Untuk BUMN yang tidak terdaftar di bursa, pemegang saham lainnya umumnya sudah teridentifikasi dengan jelas dan seringkali memiliki akses istimewa terhadap informasi, misalnya melalui kursi di Dewan Komisaris. Namun demikian, terlepas dari seberapa baik dan lengkap kerangka hukum dan regulasi terkait keterbukaan informasi, *Ownership Entity* harus memastikan bahwa seluruh BUMN di mana Negara memiliki saham menerapkan mekanisme dan prosedur untuk menjamin akses informasi yang mudah dan setara bagi semua pemegang saham.

Perhatian khusus perlu diberikan dalam kasus privatisasi sebagian BUMN, di mana Negara sebagai pemegang saham tidak boleh memiliki keterlibatan lebih besar dalam pengambilan keputusan perusahaan atau akses terhadap informasi dibandingkan hak yang seharusnya dimiliki sesuai dengan porsi kepemilikannya.

IV.A.3. BUMN harus mengembangkan kebijakan komunikasi dan konsultasi yang aktif dengan semua pemegang saham.

BUMN, termasuk perusahaan di mana Negara menjadi pemegang saham minoritas, harus mengidentifikasi para pemegang sahamnya dan secara tepat waktu serta sistematis memberikan informasi yang relevan tentang peristiwa material dan agenda rapat pemegang saham yang akan datang. BUMN juga harus menyediakan latar belakang informasi mengenai isu-isu yang akan menjadi bahan pengambilan keputusan, dengan kualitas yang andal, dapat diperbandingkan, dan cukup untuk memungkinkan pengambilan keputusan yang tepat oleh pemegang saham.

Dewan Komisaris BUMN bertanggung jawab untuk memastikan bahwa perusahaan memenuhi kewajiban penyampaian informasi kepada seluruh pemegang saham, termasuk investor institusional. Dalam pelaksanaannya, BUMN tidak hanya harus mematuhi ketentuan hukum dan peraturan yang berlaku, tetapi juga didorong untuk melampaui ketentuan tersebut bila relevan, guna membangun kredibilitas dan kepercayaan, dengan tetap memperhatikan agar tidak membebani secara berlebihan.

Jika memungkinkan, konsultasi aktif dengan pemegang saham minoritas akan membantu meningkatkan kualitas proses pengambilan keputusan dan penerimaan atas keputusan-keputusan penting. Panduan lebih lanjut tersedia dalam ketentuan terkait pada *G20/OECD Principles of Corporate Governance.*

IV.A.4. Partisipasi dan pelaksanaan hak suara atau hak lainnya dari seluruh pemegang saham, termasuk pemegang saham minoritas, dalam RUPS harus difasilitasi agar mereka dapat berperan dalam pengambilan keputusan penting perusahaan seperti pemilihan anggota Dewan Komisaris. RUPS yang memungkinkan partisipasi jarak jauh harus diizinkan oleh yurisdiksi sebagai sarana untuk mempermudah dan menurunkan biaya partisipasi serta keterlibatan pemegang saham. Rapat semacam itu harus diselenggarakan dengan cara yang menjamin akses informasi dan kesempatan partisipasi yang setara bagi semua pemegang saham.

Pemegang saham minoritas mungkin khawatir bahwa keputusan penting justru diambil di luar forum resmi RUPS atau rapat Dewan Komisaris. Kekhawatiran ini sah, terutama pada perusahaan terbuka yang memiliki pemegang saham mayoritas atau pengendali, dan juga berlaku pada perusahaan di mana Negara merupakan pemegang saham dominan. Dalam hal ini, Negara sebagai pemilik perlu meyakinkan pemegang saham minoritas bahwa kepentingan mereka turut dipertimbangkan.

Dalam situasi di mana terdapat potensi konflik antara kepentingan Negara dan pemegang saham minoritas misalnya dalam transaksi afiliasi pelibatan pemegang saham minoritas dalam proses persetujuan transaksi tersebut patut dipertimbangkan.

Hak untuk berpartisipasi dalam RUPS merupakan hak fundamental bagi setiap pemegang saham. Untuk mendorong partisipasi aktif pemegang saham minoritas dalam RUPS BUMN serta mempermudah pelaksanaan hak-hak mereka (misalnya mengajukan pertanyaan kepada Dewan Komisaris, mengusulkan agenda rapat, dan mengajukan resolusi), BUMN dapat mengadopsi mekanisme khusus.

Mekanisme tersebut dapat mencakup ketentuan mayoritas khusus untuk keputusan tertentu dan, bila sesuai dengan kondisi, penggunaan aturan pemilihan khusus seperti cumulative voting. Langkah tambahan bisa meliputi fasilitasi pemungutan suara jarak jauh (voting in absentia) atau pemanfaatan sarana elektronik untuk menurunkan biaya partisipasi. Partisipasi pemegang saham dari kalangan karyawan dalam RUPS juga dapat difasilitasi, misalnya melalui pengumpulan surat kuasa dari karyawan yang memiliki saham.

Penting untuk memastikan bahwa mekanisme khusus untuk perlindungan pemegang saham minoritas disusun secara seimbang. Mekanisme tersebut harus melindungi semua pemegang saham minoritas tanpa bertentangan dengan prinsip perlakuan yang adil. Mekanisme tersebut tidak boleh menghalangi Negara sebagai pemegang saham mayoritas dalam menggunakan pengaruhnya secara sah, dan juga tidak boleh memberi ruang kepada pemegang saham minoritas untuk secara tidak semestinya menghambat proses pengambilan keputusan.

RUPS secara virtual maupun *hybrid* (di mana sebagian pemegang saham hadir secara fisik dan sebagian lainnya secara daring) dapat meningkatkan keterlibatan pemegang saham dengan mengurangi waktu dan biaya partisipasi. Tidak boleh ada hambatan dalam kerangka hukum dan regulasi untuk menyelenggarakan rapat seperti ini, selama dilakukan dengan cara yang menjamin perlakuan setara, akses informasi, serta kesempatan untuk berpartisipasi dan menggunakan hak suara dan hak lainnya oleh seluruh pemegang saham.

Selain itu, perlu kehati-hatian agar pelaksanaan rapat daring tidak mengurangi kesempatan bagi pemegang saham minoritas untuk berinteraksi dan mengajukan pertanyaan kepada Dewan Komisaris dan manajemen dibandingkan rapat fisik. Panduan lebih lanjut, termasuk terkait pemilihan dan penggunaan penyedia platform virtual, tercantum dalam *G20/OECD Principles of Corporate Governance*.

IV.A.5. Transaksi antara Negara dan BUMN, serta antar-BUMN, harus dilakukan berdasarkan ketentuan yang sesuai dengan prinsip pasar.

Untuk menjamin perlakuan yang adil bagi seluruh pemegang saham, transaksi antara Negara dan BUMN termasuk lembaga keuangan milik Negara harus dilaksanakan berdasarkan pertimbangan komersial. Hal ini secara konseptual berkaitan dengan isu transaksi afiliasi yang merugikan (*abusive related party transactions*), namun berbeda karena istilah "pihak terafiliasi" (*related parties*) dalam konteks kepemilikan Negara memiliki definisi yang lebih longgar.

Secara umum, BUMN adalah entitas hukum yang otonom dan seharusnya tunduk pada serta dilindungi oleh prinsip Negara hukum (*rule of law*) di Negara tempat mereka beroperasi. Prinsip Negara hukum juga harus mencakup pencegahan penyalahgunaan BUMN sebagai saluran pendanaan politik, patronase, atau keuntungan pribadi dan kelompok terafiliasi.

Pemerintah disarankan untuk memastikan bahwa semua transaksi antara BUMN dengan Negara atau entitas yang dikendalikan Negara dilakukan secara konsisten dengan prinsip pasar, dan bila perlu, diuji integritasnya (*tested for probity*). Isu ini juga terkait dengan kewajiban Dewan Komisaris yang dibahas di bagian lain dalam Pedoman ini, karena perlindungan terhadap seluruh pemegang saham merupakan bagian dari tugas loyalitas yang secara tegas diemban oleh anggota Dewan Komisaris terhadap perusahaan dan para pemegang sahamnya.

IV.B. Kode tata kelola perusahaan nasional harus dipatuhi oleh semua BUMN yang terdaftar di bursa, dan sejauh mungkin juga oleh BUMN yang tidak terdaftar.

Sebagian besar Negara memiliki kode tata kelola perusahaan bagi perusahaan yang terdaftar di pasar modal. Namun, mekanisme implementasinya berbeda-beda, ada yang bersifat sekadar sebagai panduan, ada yang diterapkan oleh bursa efek atau otoritas pasar modal melalui prinsip *comply or explain* dan terdapat yang bersifat wajib.

Pedoman ini berpijak pada prinsip dasar bahwa BUMN harus tunduk pada standar tata kelola terbaik yang berlaku untuk perusahaan terbuka. Ini berarti bahwa baik BUMN yang terdaftar maupun yang tidak terdaftar seharusnya tetap mematuhi kode tata kelola perusahaan nasional, terlepas dari apakah kode tersebut secara hukum bersifat mengikat atau tidak. Dengan demikian, para pemegang saham, pelaku pasar, dan pemangku kepentingan lainnya dapat mengevaluasi sejauh mana BUMN selaras dengan prinsip-prinsip dalam kode tersebut.

IV.C. Jika BUMN memiliki kewajiban untuk menjalankan tujuan kebijakan publik yang dapat berdampak signifikan terhadap kinerja, hasil, dan keberlanjutan perusahaan, maka informasi yang memadai tentang hal tersebut harus tersedia bagi publik dan pemegang saham non-Negara setiap saat.

Sebagai bagian dari komitmen Negara untuk menjamin tingkat transparansi yang tinggi terhadap seluruh pemegang saham, Negara harus memastikan bahwa informasi material mengenai tujuan kebijakan publik yang diemban oleh BUMN beserta dasar pertimbangannya diungkap kepada pemegang saham non-Negara dan publik, sepanjang masih sesuai dengan peraturan persaingan usaha, terutama jika informasi tersebut dapat memengaruhi penilaian (valuasi) terhadap perusahaan.

Informasi yang relevan ini harus disampaikan kepada semua pemegang saham pada saat awal investasi dan diperbarui secara berkelanjutan selama periode kepemilikan.

IV.D. Ketika BUMN terlibat dalam proyek kerja sama seperti usaha patungan (*Joint Venture*) dan kemitraan pemerintah-swasta (*Public-Private Partnership*/PPP), para pihak yang terlibat dalam kontrak harus menjamin bahwa hak dan kewajiban kontraktual dihormati dan setiap sengketa diselesaikan secara tepat waktu dan obyektif.

Dalam kerja sama BUMN dengan mitra swasta, penting untuk memastikan bahwa seluruh hak dan kewajiban kontraktual dipatuhi, serta tersedia mekanisme penyelesaian sengketa yang efektif.

Pengaturan kerja sama tersebut tidak boleh digunakan sebagai sarana untuk memaksa atau menekan alih teknologi dari mitra swasta kepada BUMN. Standar OECD lainnya yang relevan dengan tata kelola kemitraan pemerintah-swasta dan infrastruktur dapat turut berlaku. Salah satu rekomendasi utama dari standar tersebut adalah pentingnya memantau dan mengelola risiko fiskal, baik eksplisit maupun implisit, yang dapat timbul bagi pemerintah dari kerja sama PPP atau bentuk kemitraan lainnya yang dijalankan oleh BUMN.

Proyek kerja sama dan usaha patungan yang dijalankan oleh BUMN harus selaras dengan kebijakan kepemilikan Negara, tanpa mengesampingkan kerangka hukum perusahaan pada umumnya yang mengatur kewenangan dan tanggung jawab Dewan Komisaris BUMN.

Selain itu, perjanjian formal antara Negara dan mitra swasta, atau antara BUMN dan mitra swasta, harus secara jelas merinci tanggung jawab masing-masing pihak dalam menghadapi kejadian yang tidak terduga, namun tetap menyisakan fleksibilitas yang cukup untuk negosiasi ulang kontrak bila diperlukan. Mekanisme penyelesaian sengketa harus menjamin bahwa setiap perselisihan yang muncul selama masa proyek ditangani secara adil dan tepat waktu, tanpa mengesampingkan akses terhadap jalur hukum lainnya.

Anotasi untuk Bab V: Pengungkapan, Transparansi, dan Akuntabilitas

BUMN harus menjunjung standar tinggi dalam hal transparansi, akuntabilitas, dan integritas, serta tunduk pada standar akuntansi, pengungkapan, kepatuhan, dan audit berkualitas tinggi yang setara dengan perusahaan publik.

Transparansi atas seluruh hal material yang berkaitan dengan perusahaan sangat penting untuk memperkuat akuntabilitas Dewan Komisaris dan manajemen BUMN, serta memungkinkan Negara bertindak sebagai pemilik yang memiliki informasi memadai. Dalam menetapkan kewajiban pelaporan dan pengungkapan bagi BUMN, perlu mempertimbangkan ukuran perusahaan dan orientasi komersialnya. Sebagai contoh, bagi BUMN yang berukuran kecil dan tidak menjalankan tujuan kebijakan publik, kewajiban pengungkapan tidak boleh menimbulkan kerugian kompetitif. Sebaliknya, bagi BUMN besar atau yang kepemilikannya didasarkan terutama pada tujuan kebijakan publik, maka perusahaan tersebut harus menerapkan standar transparansi dan pengungkapan yang sangat tinggi, khususnya pada aspek-aspek yang dapat memengaruhi kinerja perusahaan secara material.

V.A. BUMN harus melaporkan dan mengungkapkan seluruh hal material terkait perusahaan, sesuai dengan standar akuntansi dan pengungkapan internasional yang berkualitas tinggi dan diakui secara global, termasuk pada aspek-aspek yang menjadi perhatian penting bagi Negara sebagai pemilik maupun bagi masyarakat umum. Saluran penyampaian informasi harus memberikan akses publik yang gratis dan tepat waktu.

Seluruh BUMN, paling tidak secara tahunan, harus mengungkapkan seluruh hal material mengenai perusahaannya. Bagi BUMN yang besar dan/atau tercatat di bursa, pelaporan harus mengikuti standar akuntansi dan pengungkapan internasional yang berkualitas tinggi atau standar nasional yang konsisten dengan standar tersebut. BUMN lainnya diharapkan menerapkan standar ini sebisa mungkin.

Informasi material didefinisikan sebagai informasi yang jika dihilangkan atau disampaikan secara keliru dapat memengaruhi penilaian investor terhadap nilai suatu perusahaan. Informasi material juga dapat diartikan sebagai informasi yang akan dianggap penting oleh investor dalam pengambilan keputusan investasi atau pemungutan suara. Meskipun pengungkapan perusahaan berfokus pada aspek-aspek yang relevan bagi pengambilan keputusan investor dan penilaian terhadap nilai perusahaan, pengungkapan ini juga dapat meningkatkan pemahaman publik mengenai struktur dan kegiatan perusahaan, kebijakan korporasi, serta kinerja dalam aspek lingkungan, sosial, dan tata kelola (*ESG*).

Website perusahaan yang mudah diakses dan ramah pengguna juga menjadi sarana penting dalam meningkatkan penyebaran informasi, dan sebagian besar yurisdiksi kini mewajibkan atau menganjurkan perusahaan memiliki website yang memuat informasi penting dan relevan. Anggota Dewan Komisaris BUMN harus menandatangani laporan keuangan, dan Direktur Utama serta Direktur Keuangan harus menyatakan bahwa laporan tersebut menyajikan kondisi operasional dan keuangan perusahaan secara tepat dan wajar.

Sebisa mungkin, otoritas yang relevan sebaiknya melakukan analisis biaya-manfaat untuk menentukan BUMN mana yang harus tunduk pada standar internasional berkualitas tinggi. Hal ini bertujuan untuk mendorong konsistensi dan keterbandingan dalam keseluruhan portofolio. Standar domestik berkualitas tinggi dapat dicapai dengan menyelaraskan dengan salah satu standar akuntansi internasional yang diakui. Analisis ini harus mempertimbangkan bahwa kewajiban pengungkapan yang ketat merupakan insentif sekaligus mekanisme bagi Dewan Komisaris dan manajemen untuk menjalankan tugasnya secara profesional.

Laporan tahunan dan laporan tengah tahun merupakan sumber informasi penting untuk membantu interpretasi hasil keuangan dan operasional sebagaimana tercantum dalam laporan keuangan audit. Semua BUMN harus menyusun laporan keuangan tahunan, termasuk neraca, laporan arus kas, laporan laba rugi, laporan perubahan ekuitas pemilik, serta catatan atas laporan keuangan. Laporan tahunan ini umumnya harus diselesaikan dalam waktu tiga hingga enam bulan setelah akhir tahun buku. Pelaporan harus lengkap, ringkas, andal, dan dapat dibandingkan.

Meskipun semua BUMN, termasuk yang menjalankan kegiatan komersial murni, bertindak dalam kepentingan publik, tingkat pengungkapan yang tinggi sangat penting bagi BUMN yang menjalankan tujuan kebijakan publik yang signifikan. Ini menjadi krusial terutama jika kegiatan BUMN berdampak besar pada anggaran Negara, menimbulkan risiko bagi Negara, atau memiliki pengaruh terhadap isu keberlanjutan dan pasar global.

Dengan memperhatikan kapasitas dan ukuran perusahaan, BUMN sebaiknya tunduk pada kewajiban pengungkapan yang setara dengan perusahaan publik. Namun, kewajiban pengungkapan tidak boleh mengorbankan kerahasiaan korporasi yang esensial, dan tidak boleh menimbulkan kerugian kompetitif terhadap pesaing swasta. BUMN harus melaporkan seluruh hal material tentang perusahaannya, seperti hasil keuangan dan operasional, informasi non-keuangan, kebijakan remunerasi serta besaran aktual remunerasi bagi anggota Dewan Komisaris dan eksekutif utama, transaksi afiliasi termasuk dengan pemerintah dan entitas terkait, serta struktur dan kebijakan tata kelola. BUMN juga harus mengungkapkan apakah mereka mengikuti kode tata kelola korporat tertentu dan jika ya, menyebutkan kode yang diikuti. Dalam pelaporan kinerja, praktik terbaik mengacu pada standar pelaporan yang diterima secara internasional.

Dengan mempertimbangkan kapasitas dan ukuran perusahaan, contoh informasi yang perlu diungkap meliputi:

V.A.1. Pernyataan yang jelas kepada publik mengenai tujuan perusahaan dan tingkat pencapaiannya, termasuk mandat yang diharapkan oleh *State Ownership Entity*.

Penting bagi setiap BUMN untuk memiliki kejelasan mengenai tujuan utamanya. Terlepas dari sistem pemantauan kinerja yang ada, serangkaian tujuan umum yang mendasar harus diidentifikasi, beserta informasi bagaimana perusahaan menangani potensi konflik atau pertukaran antar tujuan yang mungkin saling bertentangan.

Ketika Negara menjadi pemegang saham mayoritas atau memiliki kendali efektif atas BUMN, maka ekspektasi pemilik Negara harus disampaikan secara terbuka kepada investor lainnya, pasar, dan masyarakat umum. Kewajiban pengungkapan semacam ini akan mendorong pejabat BUMN untuk lebih memahami ekspektasi tersebut dan meningkatkan komitmen manajemen dalam mencapainya. Hal ini juga menjadi acuan bagi seluruh pemangku kepentingan untuk menilai strategi dan keputusan manajemen.

BUMN sebaiknya melaporkan pencapaian tujuan mereka melalui pengungkapan *Key Performance Indicators* (KPI). Bila BUMN juga menjalankan mandat kebijakan publik, maka pencapaian terhadap mandat tersebut juga harus dilaporkan secara terukur.

V.A.2. Hasil keuangan dan operasional perusahaan, termasuk bila relevan, biaya dan pengaturan pendanaan terkait kewajiban pelayanan publik.

Seperti halnya perusahaan swasta, BUMN harus mengungkapkan informasi mengenai kinerja keuangan, operasional, dan non-keuangan mereka. Ini dapat mencakup laporan keuangan utama seperti neraca, laporan laba rugi, laporan arus kas, dan catatan atas laporan keuangan, serta informasi keuangan penting lainnya seperti nilai dividen dan utang (termasuk jumlah utang yang belum dilunasi, profil jatuh tempo, dan pembagian mata uang), modal kerja, EBITDA, pengembalian atas ekuitas (*return on equity*), pengembalian atas aset (*return on assets*), rasio ekuitas, investasi, rasio pembayaran dividen, rasio utang terhadap ekuitas, serta informasi lain seperti jumlah karyawan dan pencapaian terhadap target kesetaraan gender dan keberagaman lainnya bila relevan.

Standar pelaporan (IFRS atau lainnya) yang digunakan dalam pelaporan keuangan harus disebutkan. Pengungkapan ini harus memungkinkan pembaca untuk memahami informasi keuangan kunci dari orientasi komersial maupun non-komersial perusahaan. Informasi tambahan juga perlu disertakan agar pemegang saham dapat memahami makna dari angka-angka yang dilaporkan, cara perhitungannya, dan keterkaitannya dengan laporan keuangan yang menyertainya.

Selain itu, jika BUMN menjalankan kewajiban pelayanan publik, maka biaya kegiatan tersebut harus diungkapkan. Kompensasi kepada BUMN, termasuk dalam bentuk subsidi atau manfaat tak langsung lainnya, harus dapat diukur dan dilaporkan, disertai dengan dampaknya terhadap persaingan yang setara serta justifikasi yang memadai.

Sebagai praktik yang baik, laporan pengendalian internal atas pelaporan keuangan juga sebaiknya disertakan bersama laporan keuangan.

Namun, *State Ownership Entity* harus memastikan bahwa kewajiban pelaporan tambahan yang dibebankan kepada BUMN (dibanding perusahaan swasta) tidak menjadi beban yang berlebihan terhadap aktivitas ekonominya.

V.A.3. Struktur tata kelola, kepemilikan, serta struktur hukum dan hak suara perusahaan atau grup termasuk anak perusahaan signifikan, serta isi dari kode atau kebijakan tata kelola dan proses implementasinya.

Struktur kepemilikan dan hak suara BUMN harus transparan agar semua pemegang saham memahami dengan jelas proporsi hak suara dan arus kas yang menjadi hak mereka.

Harus jelas siapa yang memegang kepemilikan hukum atas saham Negara dan siapa yang bertanggung jawab dalam menjalankan hak kepemilikan Negara tersebut.

Setiap hak istimewa atau perjanjian yang menyimpang dari aturan tata kelola korporat umum, seperti *golden shares* atau hak veto, harus diungkapkan.

Adanya pengaturan kontrol seperti *shareholders agreement* harus diungkapkan, meskipun sebagian isi perjanjiannya dapat tetap dirahasiakan jika diperlukan.

BUMN harus mempublikasikan informasi relevan lainnya mengenai struktur organisasinya, termasuk anak perusahaan signifikan, afiliasi, serta entitas lain tempat mereka memiliki kepemilikan, perwakilan, atau keterlibatan. Informasi ini mencakup persentase kepemilikan di setiap entitas, serta Negara tempat pendirian dan operasinya.

Struktur grup yang kompleks dapat meningkatkan kerumitan dalam transaksi pihak terafiliasi dan membuka kemungkinan penghindaran kewajiban pengungkapan.

Perhatian khusus perlu diberikan untuk mengidentifikasi seluruh pihak terkait dalam yurisdiksi dengan struktur grup yang kompleks, terutama jika melibatkan perusahaan publik.

V.A.4. Remunerasi anggota Dewan Komisaris dan eksekutif utama.

Penting bagi BUMN untuk menjamin tingkat transparansi yang tinggi terkait remunerasi anggota Dewan Komisaris dan eksekutif kunci, sebaiknya disampaikan secara individual. Kegagalan dalam menyediakan informasi yang memadai kepada publik dapat menimbulkan persepsi negatif dan meningkatkan risiko timbulnya reaksi balik terhadap *Ownership Entity* maupun terhadap BUMN itu sendiri.

BUMN pada umumnya diharapkan untuk mengungkapkan informasi secara tepat waktu, termasuk setiap perubahan signifikan dalam kebijakan remunerasi yang diterapkan kepada anggota Dewan Komisaris dan eksekutif kunci, serta tingkat atau jumlah remunerasi mereka dalam format yang distandardisasi dan dapat diperbandingkan.

Informasi ini sebaiknya mencakup, jika berlaku, antara lain ketentuan pemutusan hubungan kerja dan pensiun, serta manfaat khusus, skema insentif, atau remunerasi dalam bentuk natura yang diberikan kepada anggota Dewan Komisaris dan eksekutif kunci.

Penggunaan indikator keberlanjutan (*sustainability indicators*) dalam kebijakan remunerasi juga sebaiknya diungkapkan untuk memungkinkan pemegang saham menilai apakah indikator tersebut terkait dengan risiko keberlanjutan yang material dan apakah mereka mendorong perspektif jangka panjang.

V.A.5. Komposisi Dewan Komisaris dan anggotanya, termasuk kualifikasi, proses seleksi, kebijakan keberagaman, peran di perusahaan lain atau di pemerintahan, serta, jika relevan, status sebagai anggota independen.

Transparansi penuh terkait kualifikasi anggota Dewan Komisaris sangat penting bagi BUMN, dan harus sepenuhnya selaras dengan *OECD Guidelines on Anti-Corruption and Integrity in State-Owned Enterprises*.

Dalam BUMN yang dimiliki sepenuhnya oleh Negara, proses nominasi dan pengangkatan anggota Dewan Komisaris sering kali menjadi tanggung jawab langsung pemerintah. Hal ini berisiko menimbulkan persepsi bahwa anggota Dewan Komisaris bertindak atas nama Negara atau kepentingan politik tertentu, bukan demi kepentingan jangka panjang perusahaan dan pemegang saham.

Mewajibkan tingkat transparansi yang tinggi dalam hal kualifikasi anggota Dewan Komisaris, serta proses nominasi dan pengangkatannya, dapat meningkatkan profesionalisme Dewan Komisaris BUMN. Ini juga memberi kesempatan bagi investor untuk mengevaluasi kualifikasi anggota Dewan Komisaris dan mengidentifikasi potensi konflik kepentingan.

Banyak yurisdiksi yang mewajibkan atau merekomendasikan pengungkapan komposisi Dewan Komisaris, termasuk keberagaman gender. Pengungkapan ini juga dapat mencakup kriteria lain seperti usia dan karakteristik demografis lainnya, selain dari pengalaman profesional dan keahlian teknis.

Beberapa yurisdiksi menerapkan pendekatan *comply or explain* dalam pengungkapan ini. Dalam beberapa kasus, hal ini juga mencakup pengungkapan posisi manajemen senior lainnya. Kebijakan yang relevan untuk mempromosikan keberagaman di tingkat Dewan Komisaris dan eksekutif juga harus diungkapkan.

V.A.6. Faktor risiko material yang dapat diperkirakan serta langkah-langkah yang diambil untuk mengelolanya.

Kesulitan serius dapat terjadi apabila BUMN tidak mengidentifikasi, menilai, mengendalikan, atau melaporkan risiko secara jelas. Tanpa pelaporan yang memadai atas faktor risiko material, BUMN bisa memberikan gambaran keliru tentang kondisi keuangan, kinerja keseluruhan, atau potensi penciptaan nilai jangka panjang. Hal ini dapat mengarah pada keputusan strategis yang keliru dan kerugian finansial yang tidak diantisipasi.

Faktor risiko material harus dilaporkan secara tepat waktu dan dengan frekuensi yang memadai.

Tingkat pengungkapan yang tepat mengenai sifat dan besaran risiko yang ditanggung oleh BUMN tergantung pada kualitas sistem manajemen risiko perusahaan. BUMN harus melaporkan sesuai dengan standar terbaru yang terus berkembang. Bila relevan, pelaporan ini sebaiknya mencakup strategi manajemen risiko serta sistem yang digunakan untuk menerapkannya.

Panduan ini mendorong pengungkapan informasi yang memadai dan komprehensif untuk memberikan informasi penuh kepada pemegang saham dan pemangku kepentingan lainnya mengenai risiko material yang dapat diperkirakan secara wajar. Pengungkapan risiko akan lebih efektif jika disesuaikan dengan karakteristik perusahaan dan industrinya masing-masing.

Pengungkapan terkait sistem pemantauan dan pengelolaan risiko kini semakin dianggap sebagai praktik yang baik, termasuk efektivitas proses uji tuntas (*due diligence*) yang berkaitan.

Seluruh pemegang saham baik Negara maupun non-Negara memerlukan informasi tentang risiko material yang dapat diperkirakan secara wajar, yang dapat mencakup:

- Risiko spesifik industri atau wilayah geografis tempat BUMN beroperasi,
- Ketergantungan pada komoditas dan rantai pasok,
- Risiko pasar keuangan termasuk risiko suku bunga atau nilai tukar,
- Risiko terkait derivatif dan transaksi di luar neraca (off-balance sheet),
- Risiko perilaku bisnis termasuk korupsi, HAM, dan ketenagakerjaan,
- Risiko keamanan digital dan teknologi lainnya,
- Risiko perpajakan,
- Risiko keberlanjutan terutama terkait iklim.

Pengungkapan risiko juga dapat mencakup kejadian geopolitik besar lainnya seperti pandemi, inovasi, keterkaitan dengan rencana pembangunan nasional, serta isu kesetaraan gender dan keberagaman.

Perusahaan di industri ekstraktif juga diharapkan untuk mengungkapkan cadangan sumber daya mereka sesuai praktik terbaik, karena hal ini merupakan elemen kunci dari profil nilai dan risiko mereka.

Informasi yang diungkap mengenai faktor risiko material yang dapat diperkirakan sangat berguna bagi pemegang saham dan pemangku kepentingan, khususnya jika BUMN beroperasi di industri yang baru deregulasi, semakin internasional, wilayah baru, atau sektor risiko tinggi, di mana mereka mungkin menghadapi jenis risiko yang baru atau berbeda seperti yang disebutkan di atas.

V.A.7. Setiap bantuan keuangan langsung atau tidak langsung, termasuk jaminan, yang diterima dari Negara serta komitmen yang dibuat atas nama BUMN, termasuk komitmen kontraktual dan kewajiban yang timbul dari kemitraan pemerintah-swasta maupun partisipasi dalam usaha patungan.

Untuk memberikan gambaran yang adil dan lengkap mengenai kondisi keuangan BUMN, maka kewajiban timbal balik, bantuan keuangan, atau mekanisme pembagian risiko antara Negara dan BUMN perlu diungkapkan secara tepat.

Pengungkapan harus mencakup rincian mengenai target keuangan yang ditetapkan pemerintah untuk BUMN, seperti struktur permodalan, profitabilitas, dan dividen; serta setiap hibah atau subsidi Negara yang diterima BUMN, pinjaman dari APBN, atau jaminan yang diberikan oleh

Negara atau BUMN lain kepada BUMN tersebut untuk mendukung operasinya. Komitmen apa pun yang dilakukan Negara atas nama BUMN juga perlu diungkapkan.

Pembayaran oleh BUMN kepada kas Negara juga harus dilaporkan sebagai bagian dari pelaporan transaksi dengan pemerintah, mencakup pajak, dividen, royalti, dan pembayaran lainnya.

Untuk jaminan pinjaman dan kredit yang disalurkan kembali (*on-lent credit*), BUMN harus mengungkapkan syarat dan ketentuan dalam kontrak (termasuk tanggal mulai dan jatuh tempo, mata uang asal, nilai yang disepakati, utang yang sudah dicairkan dan masih terutang, jadwal pelunasan, suku bunga serta jenisnya).

Standar pengungkapan ini harus sesuai dengan ketentuan hukum yang berlaku, seperti yang mengatur bantuan Negara (*state aid*). Pengungkapan atas jaminan dapat dilakukan baik oleh BUMN maupun oleh Negara. Praktik yang baik menganjurkan agar lembaga legislatif memantau pinjaman dari APBN dan jaminan Negara demi menjamin prosedur penganggaran yang baik.

Kemitraan pemerintah-swasta (*Public-Private Partnership*) dan usaha patungan (*Joint Venture*) juga harus diungkapkan secara memadai. Usaha seperti ini sering kali melibatkan pengalihan risiko, sumber daya, dan hasil antara mitra publik dan swasta dalam penyediaan layanan atau infrastruktur publik, yang dapat menimbulkan risiko baru dan material yang bersifat spesifik.

V.A.8. Setiap transaksi material dengan Negara dan entitas terkait lainnya.

Transaksi material antara BUMN dan entitas terkait seperti investasi ekuitas antara satu BUMN dengan BUMN lainnya berpotensi disalahgunakan dan karena itu harus diungkapkan.

Pelaporan transaksi dengan entitas terkait harus memberikan semua informasi yang diperlukan untuk menilai kewajaran dan kesesuaian transaksi tersebut.

Pihak terkait setidaknya mencakup entitas yang mengendalikan atau berada di bawah kendali yang sama dengan perusahaan, pemegang saham signifikan termasuk anggota keluarga mereka, serta personel manajemen kunci.

Meskipun definisi pihak terkait dalam standar akuntansi internasional yang diakui dapat dijadikan acuan, kerangka tata kelola perusahaan BUMN harus menjamin bahwa seluruh pihak terkait teridentifikasi dengan benar, dan dalam kasus kepentingan khusus dari pihak terkait, transaksi material dengan anak perusahaan terkonsolidasi juga harus diungkapkan.

Merupakan praktik yang baik bahkan jika tidak ada transaksi material untuk mengidentifikasi dengan jelas hubungan organisasi dan korporasi BUMN dengan entitas terkait lainnya.

BUMN juga harus melaporkan setiap hubungan kontraktual dan transaksi material dengan lembaga keuangan milik Negara, karena hubungan ini memiliki risiko konflik kepentingan yang tinggi.

V.A.9. Informasi mengenai kewajiban material seperti kontrak utang, termasuk risiko ketidakpatuhan terhadap klausul-klausul perjanjian.

Dengan tetap menjaga kerahasiaan komersial, BUMN juga harus mengungkapkan informasi mengenai kewajiban material seperti kontrak utang, termasuk risiko ketidakpatuhan terhadap *covenant*, sesuai dengan standar yang berlaku.

Dalam kondisi normal, pemegang saham dan direksi mengendalikan keputusan utama BUMN. Namun, beberapa ketentuan dalam obligasi korporasi dan kontrak utang lainnya secara signifikan dapat membatasi kewenangan manajemen dan pemegang saham misalnya klausul yang membatasi pembayaran dividen, mewajibkan persetujuan kreditur atas divestasi aset utama, atau memberikan penalti jika rasio utang melewati batas yang ditentukan.

Dalam kondisi tekanan keuangan tetapi belum bangkrut, BUMN mungkin memilih untuk merundingkan *waiver* atau pengecualian atas kewajiban dalam *covenant*, ketika kreditur yang ada menuntut perubahan dalam strategi bisnis.

Oleh karena itu, pengungkapan tepat waktu atas informasi material terkait kontrak utang, termasuk dampak risiko material yang berkaitan dengan pelanggaran *covenant* serta kemungkinan terjadinya, sangat penting agar investor memahami risiko bisnis BUMN.

V.A.10. Informasi terkait keberlanjutan.

BUMN harus mengungkapkan informasi material terkait kebijakan, aktivitas, risiko, tujuan, dan metrik kinerja yang berkaitan dengan isu keberlanjutan, sesuai dengan standar internasional yang berkualitas tinggi dan diakui secara global sebagaimana dijelaskan dalam Bab VII.C.

V.B. BUMN harus memiliki sistem manajemen risiko untuk mengidentifikasi, mengelola, mengendalikan, dan melaporkan risiko. Sistem manajemen risiko harus dianggap sebagai bagian integral dari pencapaian tujuan dan mencakup seperangkat pengendalian internal, program atau tindakan etika dan kepatuhan yang koheren dan komprehensif.

Manajemen risiko merupakan komponen inti dari tata kelola perusahaan dan sangat terkait dengan strategi korporat. Sistem manajemen risiko dibentuk untuk memungkinkan BUMN mengidentifikasi, mengelola, dan melaporkan risiko yang dapat memengaruhi pencapaian tujuan operasional dan keuangan perusahaan. Proses manajemen risiko membantu perusahaan dalam menggunakan pengendalian internal untuk mengelola risiko dan memitigasi dampaknya, mendorong integritas di dalam perusahaan, serta memastikan kepatuhan terhadap hukum dan peraturan yang berlaku.

Sistem manajemen risiko harus secara rutin dimonitor oleh Dewan Komisaris, dievaluasi ulang, dan disesuaikan dengan kondisi BUMN, dengan tujuan untuk menjaga relevansi dan efektivitas pengendalian internal, kebijakan, dan prosedur. Meskipun bisa didukung oleh komite khusus biasanya komite audit atau badan sejenis, dan kadang juga komite risiko Dewan Komisaris tetap memegang tanggung jawab kolektif atas efektivitas sistem manajemen risiko dan pengendalian internal. Harus ada pemisahan tugas antara pengawasan oleh Dewan Komisaris, pihak yang menjalankan manajemen risiko, dan pihak yang memberikan penjaminan independen (misalnya, auditor internal). Perwakilan BUMN yang bertanggung jawab atas penilaian risiko harus memiliki kewenangan yang cukup untuk menjalankan fungsinya.

Dengan mempertimbangkan kapasitas dan ukuran BUMN, sistem manajemen risiko harus mencakup penilaian risiko yang dilakukan secara berkala dan disesuaikan, sesuai praktik baik yang diatur dalam *Guidelines on Anti-Corruption and Integrity in State-Owned Enterprises*. Sistem ini harus menangani risiko eksternal signifikan yang relevan, seperti krisis kesehatan, gangguan rantai pasok, dan ketegangan geopolitik. Kerangka ini harus bekerja secara *ex-ante* (untuk membangun ketahanan perusahaan terhadap krisis) dan *ex-post* (untuk membangun proses penanganan krisis saat krisis terjadi).

Sistem ini juga harus mencakup risk-based due diligence untuk mengidentifikasi, mencegah, dan mengurangi dampak negatif aktual maupun potensial dari kegiatan usaha, serta menjelaskan bagaimana dampak tersebut ditangani, sesuai dengan *OECD Guidelines for Multinational Enterprises on RBC*.

Proses manajemen risiko menjadi dasar dalam pembentukan dan pemeliharaan pengendalian internal, program etika dan kepatuhan. Sesuai dengan *Guidelines on Anti-Corruption and Integrity*, program ini harus berlaku di seluruh jenjang organisasi dan seluruh entitas di bawah kendali BUMN, termasuk anak usaha. Program ini dapat mencakup antara lain penyusunan kode etik dan integrasinya ke dalam kebijakan SDM atau kebijakan perusahaan lainnya, serta pembentukan prosedur seperti perlindungan pelapor (*whistleblower*) agar dapat melapor kepada Dewan Komisaris tanpa takut pembalasan. Program ini sebaiknya juga mencakup pihak ketiga sejauh mungkin.

Struktur insentif perusahaan harus selaras dengan standar etika dan profesional agar kepatuhan terhadap nilai-nilai BUMN dihargai dan pelanggaran hukum dikenakan sanksi yang tegas.

Sistem manajemen risiko dan pengendalian internal juga akan membantu BUMN dalam memenuhi hukum yang berlaku, termasuk yang terkait dengan bisnis yang bertanggung jawab seperti hak asasi manusia, ketenagakerjaan, keamanan digital, perpajakan, persaingan usaha, privasi data dan perlindungan data pribadi, kesehatan dan keselamatan kerja, serta keberlanjutan.

Hal ini termasuk pula kepatuhan terhadap undang-undang yang mengkriminalisasi penyuapan terhadap pejabat publik asing, sebagaimana diatur dalam *OECD Convention on Combating Bribery of Foreign Public Officials in International Business Transactions* [OECD/LEGAL/0293], serta bentuk penyuapan dan korupsi lainnya.

Program pengendalian internal, etika dan kepatuhan juga harus mencakup anak perusahaan dan, sejauh mungkin, pihak ketiga seperti agen, konsultan, perwakilan, distributor, kontraktor dan pemasok, konsorsium, dan mitra usaha patungan.

V.C. BUMN harus membentuk fungsi audit internal yang memiliki kapasitas, independensi, dan profesionalisme yang memadai untuk menjalankan tugasnya secara optimal. Fungsi ini harus diawasi dan melapor langsung kepada Dewan Komisaris serta komite audit atau organ setara bila ada.

Peran dan fungsi audit internal bervariasi antar yurisdiksi, tetapi umumnya mencakup penilaian dan evaluasi atas tata kelola, manajemen risiko, dan proses pengendalian internal BUMN. Sebagaimana halnya pada perusahaan besar yang tercatat di bursa, BUMN besar sebaiknya memiliki fungsi audit internal. BUMN lainnya juga dianjurkan membentuk fungsi audit internal sesuai dengan ukuran, struktur, kompleksitas, dan profil risikonya.

Fungsi ini memainkan peran penting dalam mendukung pengawasan menyeluruh oleh komite audit atau organ sejenis terhadap pengendalian internal dan operasional perusahaan. Auditor internal penting dalam memastikan proses pelaporan berjalan efisien dan kredibel. Mereka dapat menilai kelengkapan, integritas, akurasi, ketepatan waktu, dan frekuensi pelaporan atas seluruh informasi material. Mereka juga harus memiliki prosedur untuk memastikan bahwa manajemen BUMN memiliki sistem yang memadai dalam mengumpulkan, menyusun, dan menyajikan informasi secara rinci.

Praktik yang baik mendorong pembentukan piagam audit internal (*internal audit charter*) yang menetapkan tujuan, peran, tanggung jawab, dan prosedur audit internal.

Menjadi tanggung jawab Dewan Komisaris untuk memastikan bahwa BUMN memiliki fungsi audit internal. Untuk menjamin independensi dan kewenangannya, auditor internal harus melapor langsung kepada Dewan Komisaris dan komite audit. Auditor internal harus memiliki akses penuh ke seluruh catatan BUMN dan tidak boleh ada pembatasan ruang lingkup kegiatan mereka. Mereka juga harus memiliki akses tanpa batas kepada ketua dan seluruh anggota Dewan Komisaris serta komite audit.

Pelaporan dari auditor internal penting agar Dewan Komisaris dapat mengevaluasi operasi dan kinerja aktual perusahaan. Untuk meningkatkan integritas dan akuntabilitas, status, independensi, sumber daya, serta kinerja fungsi audit internal sebaiknya dipublikasikan oleh komite audit.

Peran audit internal dan eksternal harus dijelaskan secara jelas untuk memastikan Dewan Komisaris mendapatkan tingkat penjaminan (*assurance*) yang memadai dalam mengawasi manajemen risiko perusahaan. Konsultasi antara auditor internal dan eksternal perlu didorong. Temuan material dari audit internal harus dilaporkan kepada Dewan Komisaris dan jika berlaku, kepada komite audit.

Merupakan praktik baik bagi kepala audit internal untuk menyatakan objektivitas fungsi audit internal kepada Dewan Komisaris setiap tahun, termasuk mengomunikasikan insiden yang dapat mengganggu objektivitas dan langkah-langkah atau perlindungan yang diambil untuk mengatasinya.

V.D. Audit eksternal tahunan harus dilakukan oleh auditor independen yang kompeten dan berkualifikasi sesuai dengan standar audit, etika, dan independensi yang diakui secara internasional, guna memberikan keyakinan wajar kepada Dewan Komisaris dan pemegang saham bahwa laporan keuangan BUMN disusun secara wajar sesuai dengan kerangka pelaporan keuangan yang berlaku.

Prosedur pengawasan Negara dan audit internal tidak dapat menggantikan audit eksternal independen.

Demi kepentingan publik, BUMN harus setransparan perusahaan publik. Terlepas dari status hukumnya, bahkan bila tidak tercatat di bursa, semua BUMN sebaiknya melaporkan kinerja keuangan sesuai dengan praktik terbaik dalam standar akuntansi dan audit.

Untuk memperkuat kepercayaan terhadap informasi yang disampaikan, Negara harus mewajibkan, selain audit Negara khusus, agar paling tidak semua BUMN besar tunduk pada audit eksternal yang dilakukan sesuai dengan standar audit, etika, dan independensi internasional yang diakui.

Auditor eksternal independen memberikan opini apakah laporan keuangan BUMN menyajikan secara wajar, dalam semua hal yang material, posisi dan kinerja keuangan BUMN sesuai kerangka pelaporan keuangan yang berlaku. Di beberapa yurisdiksi, auditor eksternal juga diminta untuk melaporkan tata kelola perusahaan atau pengendalian internal atas pelaporan keuangan.

Prosedur yang memadai harus dikembangkan untuk pemilihan auditor eksternal, yang wajib independen dari BUMN dan afiliasinya, termasuk manajemen dan pemegang saham besar (yakni Negara dalam konteks BUMN), jika standar etika dan independensi yang berlaku belum mencakup hal tersebut. Auditor eksternal juga harus tunduk pada kriteria independensi yang sama seperti pada perusahaan sektor swasta. Hal ini mensyaratkan pengawasan ketat oleh komite audit atau Dewan Komisaris, membatasi penyediaan jasa non-audit, serta melakukan rotasi auditor (baik mitra audit maupun firma audit), atau melalui tender audit secara berkala.

Praktik terbaik adalah bila auditor eksternal direkomendasikan oleh komite audit independen atau badan setara, dan dipilih, diangkat, atau disetujui oleh badan tersebut atau melalui RUPS. Hal ini memperjelas bahwa auditor eksternal bertanggung jawab kepada pemegang saham.

Bergantung pada peraturan perundangan, *Ownership Entity* dapat, melalui RUPS tahunan, mencalonkan, memilih, atau bahkan mengangkat auditor eksternal. Namun demikian, hubungan pelaporan langsung dan akuntabilitas auditor eksternal seharusnya berada pada komite audit independen atau organ tata kelola setara, yang mengawasi hubungan secara keseluruhan dengan auditor eksternal dan dapat berperan dalam pengangkatan, pemutakhiran, dan pemberian kompensasi.

Pedoman tambahan terkait kualifikasi auditor yang tercantum dalam *G20/OECD Principles of Corporate Governance* juga berlaku.

Audit eksternal tidak boleh disamakan dengan atau menggantikan peran audit internal atau pengendalian internal. BUMN sebaiknya berusaha menyelesaikan audit laporan keuangannya dalam kerangka waktu yang sama seperti perusahaan tercatat. Laporan auditor eksternal harus disertakan dalam laporan tahunan BUMN dan dipublikasikan secara utuh dalam waktu yang wajar sesuai kerangka pelaporan yang berlaku. Opini audit yang bersyarat berulang harus dianggap sebagai indikator masalah (*red flag*).

Badan audit Negara dan lembaga pengawasan antarinstansi, seperti badan audit Negara atau lembaga audit tertinggi lainnya, walaupun menginspeksi BUMN dan *Ownership Entity*, tidak cukup untuk menjamin kualitas dan kelengkapan informasi akuntansi, karena fungsi utamanya adalah memantau penggunaan dana publik dan anggaran, bukan operasi BUMN secara keseluruhan. Temuan audit dari lembaga audit tertinggi harus dibahas oleh legislatif secara tepat waktu dan selaras dengan siklus anggaran, serta dipublikasikan.

V.E. *Ownership Entity* harus mengembangkan pelaporan yang konsisten tentang BUMN dan menerbitkan laporan agregat tahunan mengenai isu-isu material, termasuk informasi keberlanjutan, aspek tata kelola, serta pencapaian tujuan kebijakan publik. Informasi ini harus memberikan gambaran menyeluruh, jelas, andal, berkualitas tinggi, dapat dibandingkan, ringkas, dan dapat diakses publik, termasuk melalui media digital.

Ownership Entity harus menyusun laporan agregat yang mencakup seluruh BUMN yang secara ekonomi signifikan dan menjadikannya alat pengungkapan utama kepada publik, legislatif, dan media. Laporan ini harus memungkinkan pembaca memperoleh gambaran menyeluruh tentang kinerja dan perkembangan BUMN. Pelaporan agregat juga penting untuk memperdalam pemahaman *Ownership Entity* terhadap kinerja BUMN dan menjelaskan kebijakan kepemilikannya. Hal ini membantu menetapkan metrik untuk memantau dan mengevaluasi pencapaian kebijakan, sasaran, dan ekspektasi pemilik, serta dapat memperkuat sistem manajemen kinerja jika mencakup evaluasi pencapaian target individu BUMN termasuk jika ada bantuan non-komersial yang perlu diungkapkan.

Pelaporan ini harus menghasilkan laporan agregat tahunan yang memuat informasi material dan dikeluarkan oleh Negara. Laporan ini harus memberikan gambaran lengkap tentang ukuran portofolio BUMN dan distribusi sektoralnya jika relevan, serta kinerja portofolio dan masing-masing BUMN untuk periode pelaporan dibandingkan dengan periode sebelumnya. Laporan juga dapat mencakup elemen prospektif untuk mendukung penciptaan nilai di sektor BUMN.

Laporan agregat ini juga harus mencakup gambaran nilai sektor (jika relevan) dan informasi mengenai kinerja keuangan serta nilai BUMN individu, serta mencakup indikator non-keuangan utama. Laporan ini sebaiknya mencakup setidaknya estimasi nilai total portofolio Negara. Harus ada pernyataan umum mengenai kebijakan kepemilikan Negara serta bagaimana kebijakan ini diimplementasikan.

Informasi mengenai organisasi fungsi kepemilikan juga harus disediakan, termasuk tentang proses nominasi dan pengangkatan, komposisi, kualifikasi, dan remunerasi badan pengelola BUMN, serta evolusi BUMN, informasi keuangan agregat, dan laporan tentang perubahan dalam Dewan Komisaris BUMN.

Laporan agregat harus mencakup indikator keuangan utama seperti pendapatan, laba, arus kas operasional, investasi bruto, pengembalian atas ekuitas, rasio ekuitas terhadap aset, dividen, kontribusi terhadap lapangan kerja, serta informasi lain terkait praktik lingkungan, sosial, dan tata kelola (*ESG*). Pengungkapan informasi keberlanjutan di tingkat agregat dan analisis sistematis mengenai eksposur portofolio terhadap risiko dan peluang keberlanjutan dapat membantu memperjelas ekspektasi keberlanjutan terhadap portofolio BUMN dan keselarasan portofolio tersebut dengan komitmen keberlanjutan nasional.

Laporan agregat tahunan harus mencakup indikator utama yang dapat diukur dari waktu ke waktu. Jika risiko fiskal menjadi faktor penting untuk memahami kinerja portofolio secara menyeluruh, *State Ownership Entity* sebaiknya mengidentifikasi sumber utama risiko fiskal dan menganalisis elemen risiko utama berdasarkan sektor atau entitas.

Ownership Entity juga perlu memperkuat pengungkapan terkait hubungan dengan pemangku kepentingan dengan memiliki kebijakan yang jelas serta menyusun pelaporan agregat yang dapat diakses publik. Laporan ini juga harus mencakup pembaruan atas perkembangan terkini terkait portofolio, termasuk regulasi yang relevan.

Metode yang digunakan untuk mengagregasi data harus diungkap. Laporan agregat dapat mencakup laporan individu untuk BUMN yang paling signifikan. Penting untuk dicatat bahwa laporan agregat tidak boleh menggandakan kewajiban pelaporan yang ada, seperti laporan tahunan kepada legislatif, melainkan harus melengkapinya. Beberapa *Ownership Entity* mungkin memilih untuk menerbitkan laporan agregat "parsial", misalnya hanya untuk BUMN yang bergerak di sektor yang sejenis.

Laporan agregat tahunan harus transparan tentang standar pelaporan yang diterapkan oleh masing-masing BUMN dan *Ownership Entity* dalam menyajikan data agregat. Standar pelaporan internasional seperti IFRS dapat diterapkan sejauh memungkinkan dalam proses agregasi data portofolio. Jika terdapat perbedaan standar akuntansi atau tingkat kualitas pengungkapan antar BUMN, hal tersebut harus diungkap dan dijelaskan untuk memberikan gambaran yang wajar, jelas, dan terpadu dalam hal keuangan.

Praktik terbaik mendorong agar laporan agregat disusun dalam bentuk narasi tahunan tentang kinerja portofolio BUMN. Beberapa yurisdiksi menerbitkan laporan ini sebagai bagian dari pelaporan reguler kepada legislatif atau sebagai bagian dari proses penyusunan anggaran tahunan. Ada pula yang mengembangkan inventaris daring yang memuat indikator keuangan dan non-keuangan, yang bila cukup rinci dapat memiliki fungsi yang sama. Pelaporan *ad hoc* umumnya tidak dipandang setara dalam hal akuntabilitas dan transparansi dibandingkan laporan agregat tahunan yang “klasik”.

Pemanfaatan teknologi digital dapat memperkaya fitur interaktif dalam laporan agregat seperti kemampuan pencarian dan pengunduhan dalam format agregat maupun terpilah. Laporan agregat tahunan harus tersedia untuk publik dan mudah diakses. Banyak *Ownership Entity* yang kini menyediakan portal daring sebagai pusat informasi mengenai fungsi kepemilikan, kebijakan kepemilikan, serta laporan agregat tahunan.

Lebih lanjut, laporan agregat tahunan ini dapat menjadi elemen penting dari kerangka akuntabilitas *Ownership Entity*, terutama jika digunakan sebagai sarana pelaporan kepada legislatif atau lembaga perwakilan lainnya.

Anotasi untuk Bab VI: Komposisi dan Tanggung Jawab Dewan Komisaris BUMN

Negara harus memastikan bahwa Dewan Komisaris BUMN memiliki kewenangan, kompetensi, dan objektivitas yang diperlukan untuk menjalankan fungsi pengarahan strategis, pengawasan manajemen risiko, dan pemantauan kinerja manajemen. Dewan Komisaris harus bertindak dengan dan mempromosikan integritas serta dapat dimintai pertanggungjawaban atas tindakannya.

Dewan Komisaris memainkan peran sentral dalam tata kelola BUMN. Pada BUMN yang dimiliki penuh atau mayoritas oleh Negara, Dewan Komisaris bertindak sebagai perantara antara Negara selaku pemegang saham, pemegang saham lainnya, dan perusahaan. Melalui kewajiban fidusia, Dewan Komisaris memikul tanggung jawab tertinggi atas kinerja BUMN dan kepentingan para pemegang sahamnya, sambil mempertimbangkan kepentingan para pemangku kepentingan lainnya.

Memberdayakan serta meningkatkan kualitas dan efektivitas Dewan Komisaris BUMN merupakan langkah mendasar untuk memastikan tata kelola perusahaan yang baik. Negara sesuai derajat kepemilikan dan kontrolnya harus memastikan BUMN memiliki Dewan Komisaris yang kuat, mampu bertindak demi kepentingan perusahaan dan pemiliknya, secara efektif mengawasi manajemen, dan melindungi manajemen dari campur tangan dalam operasi sehari-hari. Untuk itu, perlu menjamin kompetensi Dewan Komisaris, meningkatkan independensi mereka, dan memperbaiki cara mereka berfungsi. Dewan Komisaris juga harus diberikan tanggung jawab penuh dan tegas untuk melaksanakan fungsinya serta bertindak dengan dan mempromosikan integritas.

VI.A. Dewan Komisaris BUMN harus diberi mandat yang jelas dan tanggung jawab utama atas kinerja perusahaan. Peran dan tugas Dewan Komisaris harus didefinisikan secara jelas dalam peraturan perundang-undangan, sebaiknya merujuk pada hukum perseroan. Anggota Dewan Komisaris harus bertindak berdasarkan informasi lengkap, dengan itikad baik, penuh kehati-hatian dan ketelitian, serta demi kepentingan terbaik perusahaan dan pemegang saham, dengan mempertimbangkan kepentingan para pemangku kepentingan.

Tanggung jawab Dewan Komisaris BUMN perlu dirumuskan dalam peraturan perundang-undangan yang relevan, regulasi, kebijakan kepemilikan pemerintah, dan anggaran dasar perusahaan. Penting untuk ditekankan bahwa seluruh anggota Dewan Komisaris memiliki kewajiban hukum untuk bertindak demi kepentingan terbaik perusahaan dan memperlakukan semua pemegang saham secara adil. Praktik baik menyerukan agar Dewan Komisaris mempertimbangkan, antara lain, kepentingan para pemangku kepentingan ketika mengambil keputusan bisnis yang ditujukan bagi keberhasilan dan kinerja jangka panjang perusahaan serta kepentingan pemegang sahamnya. Prinsip ini juga penting bagi anggota Dewan Komisaris yang bekerja dalam struktur grup perusahaan: meskipun suatu perusahaan dikendalikan oleh perusahaan lain, kewajiban loyalitas anggota Dewan Komisaris melekat pada perusahaan bersangkutan dan seluruh pemegang sahamnya, bukan pada perusahaan induk grup. Tanggung jawab kolektif maupun individu anggota Dewan Komisaris harus dinyatakan secara jelas, tanpa pembedaan antara anggota

Dewan Komisaris yang dicalonkan atau ditunjuk oleh Negara, pemegang saham lain, atau pemangku kepentingan mana pun. Pelatihan wajib diberikan untuk memastikan anggota Dewan Komisaris BUMN memahami tanggung jawab dan kewajiban mereka.

Untuk mendorong tanggung jawab Dewan Komisaris dan agar Dewan Komisaris berfungsi secara efektif, organisasi Dewan Komisaris harus konsisten dengan praktik terbaik di sektor swasta. Ukuran Dewan Komisaris sebaiknya terbatas, hanya mencakup jumlah komisaris yang diperlukan untuk memastikan fungsi yang efektif.

Pengalaman juga menunjukkan bahwa Dewan Komisaris berukuran lebih kecil memungkinkan diskusi strategis yang nyata dan lebih kecil kemungkinannya menjadi sekadar stempel formal. Laporan direksi harus disertakan bersama laporan tahunan dan disampaikan kepada auditor eksternal. Laporan ini harus memuat informasi dan komentar mengenai organisasi, kinerja keuangan dan non-keuangan, faktor risiko material, isu keberlanjutan, peristiwa penting, hubungan dengan tenaga kerja dan pemangku kepentingan lainnya, serta dampak arahan dari *Ownership Entity*.

VI.B. Dewan Komisaris BUMN harus secara efektif menjalankan fungsi meninjau dan membimbing strategi korporasi serta mengawasi manajemen berdasarkan mandat luas dan ekspektasi yang ditetapkan para pemegang saham. Dewan Komisaris harus memiliki wewenang untuk mengangkat dan memberhentikan Direktur Utama. Mereka juga harus menyelaraskan tingkat remunerasi eksekutif dengan kepentingan jangka panjang perusahaan dan para pemegang sahamnya.

Untuk melaksanakan perannya, Dewan Komisaris BUMN secara aktif harus: (i) merumuskan atau menyetujui, memantau, dan meninjau strategi korporasi dalam kerangka tujuan perusahaan secara keseluruhan; (ii) menetapkan indikator kinerja yang tepat dan mengidentifikasi risiko utama; (iii) mengembangkan dan mengawasi kebijakan serta prosedur manajemen risiko yang efektif tidak hanya terkait risiko keuangan dan operasional, tetapi juga risiko hak asasi manusia, antikorupsi, kesetaraan kesempatan, ketenagakerjaan, keamanan digital, perlindungan data pribadi, privasi, persaingan usaha, lingkungan, perpajakan, serta kesehatan dan keselamatan; (iv) memantau proses pengungkapan dan komunikasi, memastikan laporan keuangan menyajikan kondisi BUMN secara wajar dan mencerminkan risiko yang dihadapi; (v) menilai dan memantau kinerja manajemen; serta (vi) menetapkan remunerasi Direktur Utama dan mengawasi rencana suksesi bagi eksekutif kunci demi kelangsungan bisnis dan kebijakan publik. Selain mekanisme darurat, perencanaan suksesi juga dapat menjadi alat strategis jangka panjang untuk pengembangan talenta dan keberagaman.

Salah satu fungsi utama Dewan Komisaris BUMN adalah mengangkat dan memberhentikan Direktur Utama. Tanpa kewenangan ini, Dewan Komisaris sulit melaksanakan fungsi pengawasan sepenuhnya dan memikul tanggung jawab atas kinerja BUMN. Dalam beberapa kasus, proses ini mungkin melibatkan kesepakatan atau konsultasi dengan *Ownership Entity* dan pemegang saham lainnya, tetapi praktik baik tetap menempatkan tanggung jawab akhir di tangan Dewan Komisaris. Negara sebaiknya menyatakan ekspektasi agar Dewan Komisaris menerapkan standar tinggi dalam perekrutan dan perilaku eksekutif kunci, yang harus diangkat berdasarkan kriteria profesional.

Apabila Negara tetap memegang peran menentukan dalam pengangkatan Direktur Utama pada BUMN yang dimiliki penuh bertentangan dengan rekomendasi ini maka sangat penting penunjukan tersebut berbasis kriteria profesional melalui proses seleksi kompetitif yang dipimpin Dewan Komisaris, sama seperti penunjukan lainnya, serta masa jabatan tidak terkait siklus pemilu.

Terutama pada BUMN besar yang bergerak di bidang ekonomi, penggunaan pakar independen untuk mengelola proses seleksi eksekutif kunci merupakan praktik baik. Dewan Komisaris dapat dibantu komite nominasi yang bertugas menentukan profil Direktur Utama dan eksekutif kunci lainnya, serta merekomendasikan kepada Dewan Komisaris mengenai pengangkatannya, dengan seluruh atau mayoritas anggota komite merupakan direktur independen. Aturan dan prosedur nominasi Direktur Utama harus transparan dan menghormati garis akuntabilitas antara Direktur Utama, Dewan Komisaris, dan *Ownership Entity*; segala perjanjian pemegang saham terkait nominasi Direktur Utama harus diungkapkan.

Berdasarkan kewajiban menilai kinerja manajemen, Dewan Komisaris BUMN juga harus sesuai ketentuan yang berlaku menetapkan remunerasi Direktur Utama dan eksekutif kunci. Paket remunerasi harus kompetitif namun seimbang, agar tidak mendorong perilaku yang bertentangan dengan kepentingan jangka panjang perusahaan, pemilik, dan kepentingan publik. Dewan Komisaris harus memastikan remunerasi terkait risiko material, strategi perusahaan, dan berbasis kinerja, serta mengungkapkan secara layak setiap tahun. Membatasi remunerasi eksekutif secara absolut atau pada komponen tertentu dapat mengurangi risiko skema yang tidak selaras dengan ekspektasi pemilik atau bayaran berlebih yang merusak reputasi perusahaan. Skema remunerasi harus bertumpu pada data dan metrik berkualitas tinggi; KPI perlu mendorong perspektif jangka panjang, terhubung dengan elemen material strategi, serta berbasis data terverifikasi (*audit/assurance*). Target kualitatif boleh digunakan tetapi demi kredibilitas sebaiknya kuantitatif, transparan, dan dapat diaudit.

Ketentuan *malus* dan *claw-back* (pemotongan dan penarikan kembali remunerasi) juga merupakan praktik baik, memberi hak perusahaan menahan atau menarik kembali bayaran eksekutif dalam kasus fraud atau, misalnya, ketika laporan keuangan harus direstat karena ketidakpatuhan material.

VI.C. Komposisi Dewan Komisaris BUMN harus memungkinkan pengambilan keputusan yang objektif dan independen. Semua anggota Dewan Komisaris termasuk pejabat publik harus dinominasikan atau diangkat berdasarkan kualifikasi yang relevan dengan sektor dan profil bisnis perusahaan serta memiliki tanggung jawab hukum yang setara.

Pemberdayaan Dewan Komisaris mensyaratkan komposisi dan struktur yang memungkinkan mereka menjalankan penilaian objektif dan independen, mengawasi manajemen senior, dan mengambil keputusan strategis. Seluruh anggota Dewan Komisaris dipilih berdasarkan merit, integritas pribadi, dan kualifikasi profesional, menggunakan kriteria yang jelas, konsisten, dan telah ditetapkan baik untuk Dewan Komisaris secara keseluruhan, posisi individual, maupun Komisaris Utama serta melalui prosedur transparan yang mencakup keberagaman, pemeriksaan latar belakang, dan, bila relevan, mekanisme pencegahan konflik kepentingan di masa depan (misalnya deklarasi aset). Mereka harus memiliki kompetensi inti (seperti kecermatan bisnis, literasi keuangan, keahlian audit dan kontrol) serta pemahaman dan pengalaman di lini bisnis perusahaan. Pedoman lebih lanjut tentang proses pemilihan, nominasi, dan pengangkatan Dewan Komisaris terdapat pada Pedoman II.F.2.

Anggota Dewan Komisaris tidak boleh bertindak sebagai wakil individu konstituen yang menunjuk mereka entah Negara sebagai pemilik, induk BUMN (untuk kepemilikan tidak langsung), maupun pemegang saham lain tetapi harus bertindak demi kepentingan perusahaan. Dewan Komisaris BUMN juga harus terlindung dari intervensi politik yang dapat mengalihkan fokus dari pencapaian tujuan yang disepakati dengan pemerintah dan *Ownership Entity* atau mengurangi independensi mereka. Setiap perwakilan Negara di Dewan Komisaris memiliki tanggung jawab hukum yang setara dengan anggota Dewan Komisaris lainnya, tanpa kekebalan *de jure* maupun *de facto*.

Praktik baik mendorong keberagaman komposisi Dewan Komisaris dan posisi manajemen senior termasuk gender, usia, wilayah, profesi, dan latar pendidikan. Pengalaman sektor swasta sering bermanfaat. Anggota Dewan Komisaris boleh memperoleh keterampilan tambahan melalui pelatihan setelah diangkat, dan pelatihan lanjutan membantu mereka tetap mengikuti perkembangan hukum, regulasi, serta risiko komersial dan lainnya.

Mekanisme evaluasi dan pemeliharaan efektivitas Dewan Komisaris harus dikembangkan, misalnya: batas masa jabatan berturut-turut, batas jumlah pengangkatan ulang, batas jumlah posisi Dewan Komisaris yang dapat dipegang satu individu, serta ketersediaan sumber daya agar Dewan Komisaris dapat mengakses informasi atau keahlian independen.

BUMN juga perlu melakukan evaluasi Dewan Komisaris dan komite secara berkala untuk memastikan kinerja dan independensi tetap terjaga.

VI.D. Jumlah anggota Dewan Komisaris independen yang memadai harus ada dalam Dewan Komisaris dan komite khusus.

Untuk meningkatkan objektivitas Dewan Komisaris BUMN, diperlukan batas minimum anggota Dewan Komisaris independen. Pedoman VI.H memberikan rincian mengenai jumlah anggota independen di komite khusus. Selain kriteria independensi yang dijabarkan dalam definisi "badan pengurus BUMN" pada Pedoman ini, praktik baik juga menyingkirkan individu yang memiliki hubungan perkawinan, keluarga, atau hubungan pribadi lain dengan eksekutif perusahaan atau pemegang saham pengendali. Kehadiran anggota independen harus cukup kuat untuk menjadi penyeimbang apabila ada perwakilan Negara di Dewan Komisaris.

Anggota Dewan Komisaris independen harus memiliki kompetensi dan pengalaman relevan guna meningkatkan efektivitas Dewan Komisaris. Pada BUMN yang berorientasi bisnis, sebaiknya anggota independen direkrut dari sektor swasta untuk menjadikan Dewan Komisaris lebih berorientasi komersial. Keahlian mereka harus selaras dengan sektor dan profil usaha BUMN.

VI.E. Mekanisme harus diterapkan untuk menghindari konflik kepentingan yang dapat menghambat objektivitas anggota Dewan Komisaris dalam menjalankan tugasnya, serta untuk membatasi campur tangan politik dalam proses Dewan Komisaris. Politisi yang memiliki kapasitas untuk memengaruhi kondisi operasional BUMN secara material sebaiknya tidak duduk di Dewan Komisaris. Mantan politisi semacam itu harus dikenakan masa tunggu (*cooling-off period*) yang telah ditentukan sebelumnya. Pegawai negeri dan pejabat publik lainnya dapat menjabat di Dewan Komisaris jika mereka dinominasikan berdasarkan merit, dan ketentuan konflik kepentingan tetap berlaku bagi mereka.

Hukum antikorupsi dan integritas publik berlaku penuh bagi anggota Dewan Komisaris BUMN. Dewan Komisaris harus mengawasi penerapan kebijakan untuk mengidentifikasi potensi konflik kepentingan. Anggota Dewan Komisaris dan eksekutif kunci wajib segera melaporkan kepada otoritas berwenang mengenai konflik kepentingan aktual/potensial serta aset, kewajiban, investasi, aktivitas, pekerjaan, dan manfaat mereka. Selama masa jabatan, laporan harus diperbarui, dan setiap konflik yang muncul dilaporkan tanpa penundaan kepada Dewan Komisaris untuk dikelola atau diminimalkan.

Perhatian khusus perlu diberikan pada praktik "*revolving door*" antara sektor publik dan swasta, termasuk masa tunggu yang wajar dan terukur. Dewan Komisaris bertanggung jawab menjaga independensinya dari pemilik (pemerintah) dan fungsi pemerintahan terkait.

Tanggung jawab kolektif dan individu anggota Dewan Komisaris harus didefinisikan secara jelas. Semua anggota wajib bertindak demi kepentingan terbaik perusahaan dengan memahami tujuan pemegang saham, melaporkan kepemilikan saham pribadi, dan mematuhi regulasi insider trading.

Anggota Dewan Komisaris BUMN tidak boleh menyalahgunakan jabatan untuk pembiayaan politik, patronase, atau kepentingan pribadi/relasi. Pemilik Negara harus mematuhi praktik terbaik internasional, termasuk *OECD Guidelines on Anti-Corruption and Integrity in State-Owned Enterprises* serta Konvensi OECD tentang Pemberantasan Suap. Transaksi pihak terafiliasi harus transparan dan diungkap secara publik.

VI.F. Praktik yang baik menganjurkan agar Komisaris Utama bersifat independen dan memiliki peran yang terpisah dari Direktur Utama. Komisaris Utama bertanggung jawab atas efektivitas ruang Dewan Komisaris, dan jika diperlukan, berkoordinasi dengan anggota Dewan Komisaris lainnya untuk menjadi penghubung komunikasi dengan *State Ownership Entity*.

Ketua berperan membangun tim Dewan Komisaris yang efektif membutuhkan kepemimpinan, kemampuan memotivasi, memahami beragam perspektif, dan mengelola konflik. Pada BUMN milik penuh

Negara, ketua menjadi titik kontak utama dengan *Ownership Entity* dan dapat menyampaikan hasil self-assessment Dewan Komisaris untuk membantu proses nominasi. Pemisahan Komisaris Utama dan Direktur Utama memastikan keseimbangan kekuasaan, meningkatkan akuntabilitas, dan memperkuat objektivitas Dewan Komisaris. Fungsi keduanya harus didefinisikan jelas guna mencegah konflik peran, dan Direktur Utama tidak boleh menjadi Komisaris Utama setelah pensiun.

VI.G. Jika keterwakilan karyawan di Dewan Komisaris diwajibkan atau lazim, mekanisme harus menjamin peran tersebut efektif dan menambah keahlian, informasi, serta independensi Dewan Komisaris.

Tujuannya untuk memperkuat akuntabilitas kepada karyawan dan memfasilitasi pertukaran informasi. Saat keterwakilan karyawan di Dewan Komisaris diatur undang-undang atau perjanjian kerja bersama, penerapannya harus:

- Berkontribusi pada independensi, kompetensi, informasi, dan keberagaman Dewan Komisaris.
- Memberi perwakilan karyawan tugas dan tanggung jawab setara dengan anggota Dewan Komisaris lain bertindak demi kepentingan terbaik perusahaan sambil mempertimbangkan kepentingan pemangku kepentingan dan memperlakukan semua pemegang saham secara adil.

Prosedur pendukung yang perlu disiapkan mencakup:

- Akses karyawan-Dewan Komisaris terhadap informasi, pelatihan, dan keahlian.
- Tata cara penunjukan yang demokratis, transparan, dan memadai.
- Hak pelaporan rutin kepada karyawan (tanpa melanggar kerahasiaan Dewan Komisaris).
- Pelatihan dan pedoman penanganan konflik kepentingan.

Kontribusi positif membutuhkan penerimaan dan kolaborasi konstruktif dari anggota Dewan Komisaris lain dan manajemen.

VI.H. Dewan Komisaris BUMN sebaiknya mempertimbangkan pembentukan komite khusus terdiri atas anggota independen dan berkualifikasi untuk membantu Dewan Komisaris secara keseluruhan menjalankan fungsinya. Paling tidak, komite audit (atau badan setara) diperlukan untuk mengawasi pengungkapan, pengendalian internal, dan urusan audit. Komite lain misalnya remunerasi, nominasi, manajemen risiko, atau keberlanjutan dapat dibentuk sesuai ukuran, struktur, kompleksitas, dan profil risiko BUMN. Mandat, komposisi, dan tata kerja komite harus ditetapkan dengan jelas, diungkap publik, dan Dewan Komisaris tetap bertanggung jawab penuh atas setiap keputusan.

Pembentukan komite memperkuat efisiensi Dewan Komisaris, meningkatkan kompetensi, dan fokus pada area tertentu termasuk pengadaan, transaksi pihak terafiliasi, serta remunerasi. Jika tidak ada komite khusus, Dewan Komisaris wajib memastikan bidang tersebut tetap tercakup oleh kompetensi Dewan Komisaris dan dialokasikan ke anggota tertentu; *Ownership Entity* dapat mengeluarkan pedoman kapan komite harus dibentuk. BUMN besar setidaknya wajib memiliki komite audit dengan mayoritas anggota independen serta kewenangan bertemu pejabat mana pun di perusahaan. Komite ini biasanya mengawasi manajemen risiko, kecuali fungsi tersebut dialihkan ke komite risiko tersendiri. Komite harus dipimpin non-eksekutif dan didominasi anggota independen; khusus komite audit, anggotanya harus melek keuangan. Komite harus mendapat akses informasi, anggaran, dan konsultan eksternal sesuai hukum. Untuk selaras dengan kebijakan keberlanjutan pemilik Negara, BUMN dapat membentuk komite keberlanjutan atau menetapkan tanggung jawab jelas dalam Dewan Komisaris. Komite berperan memantau dan memberi nasihat; Dewan Komisaris keseluruhan tetap bertanggung jawab. Komite wajib memiliki *terms of reference* tertulis dan terbuka, melapor ke Dewan Komisaris, dan risalah rapat diedarkan ke seluruh anggota Dewan Komisaris.

VI.I. Di bawah pengawasan ketua, Dewan Komisaris BUMN harus secara berkala melakukan evaluasi terstruktur untuk menilai kinerja, efisiensi, serta kecukupan keragaman latar belakang dan kompetensi termasuk gender dan bentuk keberagaman lain.

Evaluasi sistematis memperjelas tanggung jawab Dewan Komisaris dan mengidentifikasi kebutuhan kompetensi (akuntansi, digitalisasi, keberlanjutan, manajemen risiko, sektor spesifik). Untuk meningkatkan keberagaman gender, BUMN sebaiknya mengungkap komposisi gender Dewan Komisaris dan manajemen senior, serta keselarasan dengan kuota atau target sukarela. Upaya tambahan misal: jejaring, mentorship, pelatihan, sertifikasi, atau daftar perusahaan patuh dapat diperkenalkan. Evaluasi harus fokus pada kinerja Dewan Komisaris sebagai kolegial; kontribusi individu boleh dinilai tanpa mengorbankan kolegialitas. Hasilnya harus menghasilkan rencana perbaikan wajib dan kemajuannya ditinjau rutin. Praktik baik: evaluasi Dewan Komisaris, ketua, komite, dan direktur individu dilakukan rutin, dengan tinjauan eksternal setidaknya setiap tiga tahun. Hasil evaluasi membantu proses nominasi mendatang, tetapi tidak boleh menjadi alat "mendepak" direktur aktif secara semena-mena.

VI.J. Dewan Komisaris BUMN harus secara aktif mengawasi sistem manajemen risiko. Dewan Komisaris memastikan bahwa sistem tersebut ditinjau dan disesuaikan dengan kondisi BUMN guna menjaga relevansi dan kinerja pengendalian internal, kebijakan, dan prosedur.

Negara perlu mendorong Dewan Komisaris mengawasi dan manajemen menerapkan sistem manajemen risiko yang sebanding dengan ekspektasi Negara dan, bila relevan, persyaratan emiten. Dewan Komisaris menetapkan selera dan budaya risiko, mengawasi akuntabilitas, serta menentukan jenis dan tingkat risiko yang dapat diterima demi mencapai tujuan perusahaan. Dewan Komisaris harus memastikan isu keberlanjutan material masuk kerangka risiko dan melakukan risk-based due diligence untuk mengidentifikasi, mencegah, serta memitigasi dampak negatif aktual maupun potensial. Untuk mendukung fungsi ini, beberapa perusahaan membentuk komite risiko atau memperluas mandat komite audit; namun Dewan Komisaris tetap memegang tanggung jawab akhir. Perusahaan dengan risiko besar atau kompleks harus mempertimbangkan sistem pelaporan internal yang memungkinkan Komisaris Utama melaporkan proses pengendalian internal, termasuk pelaporan langsung ke Dewan Komisaris untuk manajemen risiko grup.

Anotasi untuk Bab VII: BUMN dan Keberlanjutan

Kerangka tata kelola perusahaan harus memberikan insentif bagi State Ownership Entity dan BUMN untuk mengambil keputusan serta mengelola risikonya sedemikian rupa sehingga berkontribusi pada keberlanjutan dan ketangguhan BUMN serta memastikan penciptaan nilai jangka panjang. Apabila Negara memiliki target keberlanjutan, Negara sebagai pemilik perlu menetapkan ekspektasi yang konkret dan ambisius terkait keberlanjutan bagi BUMN termasuk peran Dewan Komisaris, pengungkapan dan transparansi, serta perilaku bisnis yang bertanggung jawab. Kebijakan kepemilikan harus secara penuh mengakui tanggung jawab BUMN terhadap para pemangku kepentingan.

Terdapat peningkatan nyata dalam komitmen pemerintah dan pelaku usaha terhadap keberlanjutan dan perilaku bisnis yang bertanggung jawab. Krisis-krisis terkini menyoroti pentingnya mengidentifikasi risiko yang muncul dan memanfaatkan peluang untuk memperkuat ketahanan terhadap guncangan tak terduga melalui penerapan kebijakan, strategi, dan praktik yang lebih berkelanjutan dan tangguh. Akibatnya, semakin banyak yurisdiksi di seluruh dunia menempatkan keberlanjutan sebagai prioritas dan telah membuat komitmen tingkat tinggi untuk bertransisi menuju ekonomi *net-zero*/rendah karbon yang berkelanjutan dan tangguh, sejalan dengan Persetujuan Paris dan Tujuan Pembangunan Berkelanjutan. Hal ini mengharuskan perusahaan termasuk BUMN untuk merespons lingkungan regulasi dan bisnis yang berubah cepat, mengelola potensi risiko, dan menangkap peluang yang terkait dengan jalur transisi tersebut. Negara sebagai pemilik mempunyai tanggung jawab dan kepentingan untuk memastikan BUMN mampu menyesuaikan diri terhadap perkembangan dan menghadapi guncangan baru, serta harus memberi insentif yang tepat agar BUMN mengambil keputusan dan mengelola risiko serta peluang dengan cara yang mendukung keberlanjutan dan ketangguhan, sambil menjamin penciptaan nilai jangka panjang. Di samping ekspektasi pemilik Negara, BUMN juga dapat menetapkan target sukarela atau mengadopsi praktik baik sebagai respons atas meningkatnya tuntutan dari pemegang saham non-Negara, pelaku pasar, dan pemangku kepentingan.

Walaupun BUMN kerap memainkan peran sentral dalam perekonomian, mereka juga tampak rentan terhadap risiko terkait keberlanjutan. Karena sifat, sebaran sektoral kegiatan, dan struktur tata kelola termasuk konsentrasi tinggi di sektor yang sulit didekarbonisasi operasi BUMN umumnya menyumbang porsi besar emisi gas rumah kaca global dan menghadapi risiko lingkungan, hak asasi manusia, serta korupsi yang lebih tinggi. Selain itu, BUMN sangat terekspos pada risiko fisik dan transisi iklim, termasuk risiko terkunci pada aset karbon-intensif, karena sering menjadi penyedia infrastruktur berskala besar atau perusahaan berkarbon tinggi. Risiko-risiko tersebut dapat dialihkan kepada Negara melalui kepemilikan, misalnya lewat dividen yang lebih rendah atau volatil, utang yang tak dapat dilunasi jika dijamin secara implisit maupun eksplisit, atau risiko transisi yang mengakibatkan aset karbon tinggi menjadi terbengkalai. Paparan ini bisa menjadi hambatan untuk memenuhi komitmen nasional maupun internasional yang ambisius, khususnya terkait perubahan iklim, dan dapat memengaruhi kinerja serta penciptaan nilai jangka panjang BUMN maupun pencapaian tujuan kebijakan publik dengan konsekuensi langsung pada anggaran Negara dan pada individu atau bisnis yang bergantung pada barang dan jasa BUMN.

Dengan kondisi dan insentif yang tepat, BUMN termasuk bank milik Negara dan lembaga keuangan publik lainnya dapat memainkan peran krusial dalam mendorong pembangunan berkelanjutan dan memfasilitasi transisi yang adil, antara lain melalui penyediaan atau pembiayaan alternatif rendah karbon.

Semakin banyak Negara menyadari bahwa BUMN dapat dan seharusnya menjadi teladan. Hal ini juga berangkat dari asumsi bahwa Negara menjalankan kepemilikan BUMN demi kepentingan publik luas selaku pemegang saham utama. Selaras dengan Rekomendasi OECD tentang Peran Pemerintah dalam Mempromosikan Perilaku Bisnis Bertanggung Jawab [OECD/LEGAL/0486], pemerintah hendaknya memimpin dengan memberi contoh dan mengambil langkah untuk mempromosikan serta mencontohkan perilaku bisnis bertanggung jawab dalam kapasitasnya sebagai pelaku ekonomi. Dengan demikian, BUMN harus mematuhi standar perilaku bisnis bertanggung jawab guna menangani, menghindari, atau memitigasi dampak negatif terhadap lingkungan dan masyarakat. Dalam keadaan tertentu, Negara juga dapat menetapkan target lingkungan dan sosial spesifik bagi BUMN untuk mendukung agenda keberlanjutan pemerintah, terutama di sektor energi, ketenagakerjaan, atau transportasi. Jika target tersebut merupakan kewajiban pelayanan publik, maka harus diamanatkan secara jelas oleh undang-undang atau regulasi, disertai transparansi dan pengungkapan memadai mengenai biaya dan mekanisme pendanaannya untuk menjamin kesetaraan persaingan.

Negara sebagai pemilik harus mendorong dan mempromosikan praktik bisnis berkelanjutan dan bertanggung jawab di BUMN serta penciptaan nilai jangka panjang. Cara utamanya adalah melalui penyusunan kebijakan terkait keberlanjutan yang memadai dan integrasi praktik bisnis berkelanjutan dan bertanggung jawab ke dalam kerangka tata kelola korporasi BUMN termasuk ke dalam kebijakan dan praktik kepemilikan Negara. Secara praktis, Negara harus menganggap keterlibatan pemangku kepentingan sebagai tanggung jawab inti BUMN di tingkat korporasi, serta memfasilitasi dialog pemangku kepentingan terkait kebijakan kepemilikannya sendiri untuk bertukar pandangan mengenai aspek ekonomi, sosial, dan lingkungan yang relevan.

VII.A. Apabila Negara telah menetapkan target keberlanjutan, target tersebut harus menjadi bagian integral dari kebijakan dan praktik kepemilikan Negara.

Kebijakan dan praktik kepemilikan Negara perlu selaras dengan sasaran pembangunan berkelanjutan nasional yang lebih luas, termasuk komitmen internasional, guna memastikan koherensi kebijakan. *State Ownership Entity* juga dapat secara sukarela mengintegrasikan tujuan dan sasaran keberlanjutan ke dalam ekspektasi mereka terhadap portofolio BUMN sebagai perwujudan peran mereka sebagai pemilik aktif.

Ini mencakup penyusunan strategi menyeluruh dilengkapi rencana aksi terperinci beserta garis waktu yang jelas untuk memastikan BUMN mengadopsi investasi, infrastruktur, dan teknologi yang tepat guna mendukung transisi menuju ekonomi yang berkelanjutan dan tangguh. Strategi tersebut harus mencakup rencana investasi, struktur permodalan, dan alokasi anggaran yang tepat agar pemanfaatan sumber daya bagi pencapaian sasaran keberlanjutan dapat dioptimalkan demi memaksimalkan nilai jangka panjang bagi pemegang saham dan, pada akhirnya, masyarakat. Dalam kerangka strategi keberlanjutan, Negara sebagai pemilik dapat mendorong kemitraan pemerintah-swasta (PPP) dan mengajak BUMN mempromosikan inovasi berkelanjutan, ekonomi sirkular, energi terbarukan, serta efisiensi energi. Sepanjang Negara telah mengadopsi target atau komitmen keberlanjutan yang relevan bagi BUMN yang sepenuhnya dimiliki Negara, Negara sebaiknya ketika tepat mendorong BUMN untuk menyusun rencana transisi iklim yang kredibel, termasuk rencana adaptasi, serta mengharapkan peran aktif mereka dalam upaya dekarbonisasi dan aksi iklim lainnya, misalnya restorasi alam dan konservasi air. Yang tidak kalah penting, Negara sebagai pemilik juga perlu memasukkan sasaran keberlanjutan ke dalam strategi pemegang saham dan investasi jangka panjangnya, dengan memperhatikan eksposur portofolio terhadap risiko keberlanjutan, seperti hilangnya dividen, beban utang di masa depan, atau risiko transisi yang dapat membuat aset karbon-tinggi menjadi terdampar. Penilaian risiko keberlanjutan semacam ini harus tersedia bagi BUMN dan Dewan Komisaris untuk dipertimbangkan.

Negara dapat mengakui potensi BUMN dalam mendorong agenda keberlanjutan termasuk penyediaan alternatif rendah karbon dan kepemimpinan riset serta pengembangan terkait keberlanjutan. Selain itu, bank milik Negara dan lembaga keuangan publik lainnya juga dapat berperan dengan memasukkan pertimbangan keberlanjutan ke dalam praktik pinjaman dan pembiayaan mereka. Namun, perlu diperhatikan agar insentif kepada BUMN atau pelaku pasar lain tidak menimbulkan distorsi persaingan; justifikasi keberlanjutan tidak boleh digunakan untuk membenarkan dampak yang merusak lanskap persaingan.

Karena sifatnya yang multidimensi, kebijakan dan strategi terkait keberlanjutan harus dikembangkan dengan pendekatan *whole-of-government* melibatkan koordinasi dengan entitas pemerintah terkait dan konsultasi dengan pemangku kepentingan. Koordinasi yang efektif di tingkat Negara yang lebih luas akan membantu mengurangi potensi konflik kepentingan atau intervensi politik dalam BUMN, sekaligus menjaga pemisahan peran Negara sebagai pemilik dari fungsi pemerintah lainnya, khususnya perannya sebagai regulator ekonomi atau pembuat kebijakan.

Ini mencakup:

VII.A.1. Menetapkan ekspektasi keberlanjutan yang konkret dan ambisius bagi BUMN, yang selaras dengan kebijakan dan praktik kepemilikan. Dalam melakukannya, Negara harus menghormati hak dan perlakuan setara bagi seluruh pemegang saham.

Negara sebagai pemilik aktif harus merumuskan dan mengomunikasikan ekspektasi ambisius guna mendukung keberlanjutan, ketangguhan, dan penciptaan nilai jangka panjang BUMN. Ekspektasi tingkat tinggi ini perlu tercermin dalam kebijakan kepemilikan Negara dan/atau dokumen kebijakan relevan lainnya, serta selaras dengan sasaran dan komitmen keberlanjutan Negara yang lebih luas, termasuk komitmen internasional, jika berlaku. Ekspektasi tersebut mencakup, tetapi tidak terbatas pada, pengungkapan dan transparansi, peran serta tanggung jawab Dewan Komisaris, standar perilaku bisnis bertanggung jawab, dan pelibatan pemangku kepentingan. Negara juga dapat menetapkan ekspektasi mengenai pengaturan tata kelola Dewan Komisaris (misalnya pembentukan komite keberlanjutan) dan komposisinya (misalnya kualifikasi Dewan Komisaris di bidang keberlanjutan) bagi perusahaan dengan ukuran dan/atau profil risiko tertentu.

Walau Negara bertanggung jawab menetapkan ekspektasi serta memastikan kerangka hukum dan regulasi yang kondusif, Dewan Komisaris tetap bertanggung jawab menyusun tujuan dan kerangka implementasi BUMN menuju keberlanjutan. Ekspektasi Negara tidak boleh dipandang sebagai batas atas upaya keberlanjutan BUMN; hendaknya masih ada ruang bagi BUMN untuk menjadi teladan.

Apabila Negara bukan satu-satunya pemilik, Negara harus menyampaikan ekspektasinya secara transparan melalui kebijakan kepemilikan, RUPS, dan pelaksanaan hak-hak pemegang saham, dengan tetap menghormati hak pemegang saham lain. Meski ekspektasi dapat berbeda antara perusahaan tempat Negara menjadi pemegang saham penuh, mayoritas, atau minoritas, kejelasan dan transparansi ekspektasi pemilik penting untuk mendukung integrasi tujuan keberlanjutan ke dalam operasi dan pengambilan keputusan BUMN. Tanpa kerangka yang jelas, BUMN mungkin terdorong untuk menghindari kepatuhan.

Ekspektasi tingkat tinggi harus mencakup seluruh portofolio BUMN dan dapat memuat pertimbangan lintas sektoral maupun spesifik sektor, bila relevan. Bergantung pada kerangka dan praktik kepemilikan yang berlaku, Negara juga dapat menetapkan ekspektasi keberlanjutan lebih rinci melalui regulasi sektoral, surat ekspektasi, dialog, dan/atau mandat individual BUMN. Dalam proses ini, Negara harus menghindari intervensi berlebihan atau pasif dalam pengelolaan BUMN dan memberikan otonomi operasional penuh agar BUMN dapat mencapai tujuan yang telah ditetapkan.

Apabila persyaratan keberlanjutan baru mengakibatkan perubahan mendasar terhadap misi keseluruhan BUMN atau bila perusahaan diberi tanggung jawab baru yang tergolong kewajiban pelayanan publik, kewajiban tersebut harus didefinisikan dengan jelas dan diungkapkan kepada publik. Biaya bersihnya harus ditanggung secara transparan.

VII.A.2. Mengomunikasikan dan memperjelas ekspektasi keberlanjutan Negara melalui dialog rutin dengan Dewan Komisaris.

State Ownership Entity perlu menindaklanjuti ekspektasi tingkat tinggi tersebut dengan secara aktif berinteraksi dengan Dewan Komisaris BUMN masing-masing dan, bila relevan, pemegang saham lain, untuk memastikan kesalingpahaman serta mengelola potensi *trade-off*. Dialog ini yang mungkin membutuhkan beberapa putaran diskusi dan klarifikasi juga mendukung implementasi dengan memastikan bahwa Dewan Komisaris BUMN menerjemahkan ekspektasi keberlanjutan menjadi strategi dan target yang bermakna bagi manajemen perusahaan.

Untuk itu, *State Ownership Entity* hendaknya memfasilitasi dialog rutin dengan Dewan Komisaris setiap BUMN guna mengomunikasikan ekspektasi yang ada dan bertukar pandangan mengenai keberlanjutan, risiko, maupun peluang. Pada perusahaan yang sebagian sahamnya dimiliki Negara, Negara harus mengomunikasikan atau memperjelas ekspektasi dengan melaksanakan hak-hak pemegang saham di RUPS atau rapat Dewan Komisaris, dengan tetap menghormati pemegang saham lain.

VII.A.3. Menilai, memantau, dan melaporkan keselarasan BUMN dengan ekspektasi keberlanjutan serta kinerjanya secara berkala.

Negara harus memantau pelaksanaan ekspektasi umum BUMN terkait isu keberlanjutan. Untuk itu, Negara perlu mengintegrasikan ekspektasi keberlanjutan secara memadai ke dalam sistem pelaporan yang ada agar mampu menilai, memantau kinerja BUMN secara rutin, dan mengawasi kepatuhan terhadap ekspektasi tinggi serta ketentuan hukum dan regulasi yang berlaku. Negara harus mengomunikasikan ekspektasi pelaporan kepada semua BUMN secara jelas dan mengungkap ekspektasi keberlanjutan beserta pencapaiannya kepada publik, termasuk melalui laporan agregat tahunan.

Tinjauan kinerja reguler dapat membantu *Ownership Entity* membangun pemahaman yang jelas tentang isu keberlanjutan terkait portofolio dan tiap perusahaan, serta menetapkan atau menyesuaikan target kinerja baru secara terinformasi. Selain itu, Negara sebaiknya juga mempertimbangkan evaluasi kinerja portofolionya secara keseluruhan dan bagaimana kontribusinya terhadap penciptaan nilai jangka panjang. Untuk mendukung analisis ini, Negara dapat mengukur eksposur portofolio terhadap risiko keberlanjutan dan/atau membandingkan kinerja keberlanjutan BUMN di dalam portofolio atau dengan perusahaan sejenis, antara lain. Langkah ini akan membantu Negara mengevaluasi dan memprioritaskan risiko serta peluang keberlanjutan, dan menyusun ekspektasi secara terinformasi.

VII.B. Negara seharusnya mengharapkan Dewan Komisaris BUMN untuk mempertimbangkan secara memadai risiko dan peluang keberlanjutan ketika menjalankan fungsi utamanya.

Meskipun Negara sebagai pemilik berperan penting dalam "menetapkan nada dari atas", tanggung jawab untuk memastikan bahwa ekspektasi tingkat tinggi Negara benar-benar terintegrasi ke dalam strategi dan aktivitas operasional perusahaan berada pada BUMN itu sendiri. Bahkan tanpa ekspektasi formal, BUMN perlu proaktif mengikuti tren global dan mengambil inisiatif yang menguntungkan kinerja serta ketangguhan jangka panjang perusahaan. BUMN juga harus mengikuti perkembangan internasional dan praktik terbaik, antara lain melalui pendidikan berkelanjutan serta dialog rutin dengan tenaga kerja dan pemangku kepentingan terkait.

Negara harus memastikan Dewan Komisaris BUMN memiliki otonomi operasional penuh untuk mencapai sasaran strategisnya termasuk sasaran keberlanjutan. Dewan Komisaris perlu diberi mandat jelas dan tanggung jawab akhir atas kinerja perusahaan, serta tunduk pada mekanisme pelaporan dan pemantauan yang tepat. Secara khusus, Dewan Komisaris BUMN harus merumuskan kebijakan dan tujuan keberlanjutannya sendiri yang selaras dengan strategi korporasi; dan, bila relevan, mengidentifikasi serta melaporkan indikator dan target strategis untuk mengukur kinerja keberlanjutan.

Dewan Komisaris juga harus menjamin tersedianya tata kelola dan pengendalian internal yang efektif dan selaras dengan kerangka manajemen risiko, termasuk proses uji tuntas (*due diligence*). Proses ini harus mampu mengidentifikasi serta mengelola risiko keuangan dan operasional, juga risiko hak asasi manusia, ketenagakerjaan, lingkungan, serta perpajakan. Agar strategi (keberlanjutan) korporasi efektif, BUMN perlu memusatkan upaya pada risiko kegiatan sendiri, dan jika relevan risiko yang terkait operasi, produk, layanan, atau relasi bisnis mereka, termasuk pada anak perusahaan dan rantai pasok.

Prasyarat berikut penting untuk memastikan pengelolaan keberlanjutan yang efektif di tingkat perusahaan:

VII.B.1. Dewan Komisaris BUMN harus meninjau dan membimbing penyusunan, pelaksanaan, serta pengungkapan tujuan dan target keberlanjutan yang material sebagai bagian dari strategi korporasi.

Dewan Komisaris perlu mengintegrasikan ekspektasi pemegang saham terkait keberlanjutan ke dalam strategi bisnis dan mengembangkan target serta indikator khusus. Rencana/strategi keberlanjutan harus menjadi bagian tak terpisahkan dari strategi bisnis keseluruhan perusahaan, selaras dengan ketentuan hukum dan regulasi (termasuk kewajiban pelaporan), serta mempertimbangkan kepentingan pemangku kepentingan termasuk tenaga kerja bersama kepentingan perusahaan dan pemegang saham. Strategi semacam ini membantu mencegah praktik "*greenwashing*" atau "*social washing*".

Target keberlanjutan harus berbasis metrik yang konsisten, sebanding, dan andal; selaras dengan ekspektasi pemegang saham serta syarat hukum, kontrak, dan regulasi. Target dan kinerjanya harus diungkap secara teratur agar pemegang saham, investor, dan pemangku kepentingan dapat menilai kredibilitas serta kemajuan manajemen misalnya melalui target antara, pelaporan tahunan metrik keberlanjutan, dan rencana tindakan korektif bila kinerja belum memadai.

VII.B.2. BUMN harus mengintegrasikan pertimbangan keberlanjutan ke dalam sistem manajemen risiko dan pengendalian internalnya, termasuk melalui uji tuntas berbasis risiko.

Pengawasan atas pengelolaan dan mitigasi risiko termasuk risiko keberlanjutan merupakan tanggung jawab kunci Dewan Komisaris dan krusial bagi kesuksesan jangka panjang bisnis. Sistem manajemen risiko BUMN harus mencakup risiko eksternal signifikan (misal: krisis kesehatan) dan uji tuntas berbasis risiko untuk mengidentifikasi, mencegah, serta memitigasi dampak negatif aktual maupun potensial, sesuai *OECD Guidelines for Multinational Enterprises* tentang Perilaku Bisnis Bertanggung Jawab yang juga berlaku bagi BUMN.

Uji tuntas berbasis risiko membuat BUMN melampaui sekadar mengelola risiko material bagi perusahaan, hingga mencakup risiko dampak merugikan terhadap HAM, hak tenaga kerja (misal: pekerja anak, kerja paksa), dan lingkungan (misal: perubahan iklim, polusi, hilangnya keanekaragaman hayati). Pencegahan dan mitigasi yang efektif dapat memaksimalkan nilai jangka panjang bagi masyarakat, memperbaiki hubungan dengan pemangku kepentingan, dan melindungi reputasi BUMN. Uji tuntas juga membantu memenuhi kewajiban hukum tertentu, misalnya di bidang ketenagakerjaan, lingkungan, tata kelola, pidana, atau anti-suap.

Partisipasi BUMN yang semakin besar di pasar global dan aktivitas lintas batas menambah kekhawatiran atas risiko sosial dan lingkungan dalam rantai pasok globalnya. Karenanya, BUMN perlu memperhatikan berbagai perkembangan hukum dan regulasi, khususnya terkait uji tuntas HAM dan lingkungan di rantai pasok.

VII.B.3. Dewan Komisaris BUMN harus mempertimbangkan aspek keberlanjutan dalam mengevaluasi dan memantau kinerja manajemen.

Dalam menjalankan fungsi, Dewan Komisaris harus menilai dan memantau kinerja manajemen sehingga tujuan strategis perusahaan termasuk keberlanjutan tercapai. Dewan Komisaris perlu memastikan manajemen memiliki keahlian untuk memahami dan mengelola risiko serta peluang keberlanjutan, serta mengarahkan perusahaan ke strategi yang meningkatkan nilai, khususnya bila risiko/peluang tersebut material.

Beberapa Dewan Komisaris BUMN dapat memberi insentif tambahan kepada eksekutif kunci dengan memasukkan kriteria keberlanjutan dalam skema kompensasi eksekutif. Dalam hal ini, Dewan Komisaris harus mengikuti praktik remunerasi dan insentif yang diuraikan pada VI.B.

Menyeimbangkan kepentingan pemegang saham dengan tujuan keberlanjutan jangka panjang sering kali kompleks karena target keberlanjutan sulit diukur dan data mungkin belum pasti. Penerapan "BJR" atau ketentuan serupa dapat mendorong Dewan Komisaris mempertimbangkan faktor keberlanjutan dengan memberi perlindungan hukum apabila keputusan bisnis diambil secara cermat, dengan dasar informasi memadai, serta tanpa konflik kepentingan.

VII.C. Negara harus mengharapkan BUMN tunduk pada persyaratan pelaporan dan pengungkapan keberlanjutan yang tepat, dengan menggunakan informasi yang konsisten, sebanding, dan andal:

Standar pelaporan dan pengungkapan keberlanjutan mencakup tata kelola, strategi, manajemen risiko, serta kinerja non-keuangan seperti emisi gas rumah kaca atau cakupan perjanjian kerja bersama semakin penting bagi pemegang saham, investor, tenaga kerja, dan pemangku kepentingan lain termasuk publik. Standar tersebut memperkuat akuntabilitas Dewan Komisaris dan manajemen BUMN di bidang keberlanjutan, sekaligus memungkinkan Negara bertindak sebagai pemilik yang terinformasi dengan gambaran kinerja BUMN yang lebih jelas.

Negara seharusnya menuntut BUMN melakukan pelaporan dan pengungkapan non-keuangan untuk menunjukkan bagaimana mereka memenuhi ekspektasi keberlanjutan dan, pada gilirannya, menciptakan nilai bagi Negara, pemegang saham, dan warga Negara. BUMN wajib melaporkan serta mengungkap informasi material yang jelas, akurat, dan lengkap tentang kebijakan, aktivitas, risiko, tujuan, dan metrik kinerja keberlanjutan secara tepat waktu dan mudah diakses, selaras dengan standar internasional berkualitas tinggi. Informasi material dapat meliputi aspek lingkungan, sosial, dan tata kelola (*ESG*) serta kepatuhan pada kewajiban hukum atau kebijakan spesifik misalnya hak asasi manusia, kesehatan, keselamatan, keragaman, keamanan konsumen, ketenagakerjaan, anti-korupsi, dan praktik bisnis berkelanjutan. Konsistensi dan interoperabilitas antara kerangka pengungkapan nasional/regional dan standar internasional tetap memungkinkan adanya persyaratan lokal tambahan ketika karakteristik geografis atau ketentuan yurisdiksi memengaruhi materialitas.

Selain itu sesuai relevansinya BUMN harus memberikan informasi mengenai isu kunci bagi karyawan dan pemangku kepentingan lain yang dapat berdampak material pada kinerja perusahaan atau menimbulkan dampak signifikan. Pengungkapan dapat mencakup hubungan manajemen/karyawan (termasuk remunerasi, cakupan perjanjian kerja bersama, dan mekanisme perwakilan pekerja) serta hubungan dengan kreditor, pemasok, konsumen, dan masyarakat terdampak, dengan perhatian khusus pada kelompok marjinal dan rentan.

Beberapa Negara mewajibkan pengungkapan luas terkait sumber daya manusia. Kebijakan terkait seperti program pengembangan dan pelatihan SDM, tingkat retensi karyawan, dan skema kepemilikan saham karyawan dapat memberi informasi penting bagi pelaku pasar dan pemangku kepentingan tentang keunggulan kompetitif perusahaan.

VII.C.1. Pelaporan dan pengungkapan keberlanjutan harus selaras dengan standar internasional berkualitas tinggi agar konsistensi dan keterbandingan di seluruh pasar, yurisdiksi, dan perusahaan terjaga.

Menyadari keterbatasan pendekatan "satu ukuran untuk semua", *State Ownership Entity* dapat mengharmonisasi atau menstandarkan standar pelaporan dan indikator kinerja guna memastikan konsistensi, keandalan, dan keterbandingan pengungkapan keberlanjutan. Regulasi dapat menetapkan indikator minimum yang terhubung dengan kerangka yang ada, atau mewajibkan penggunaan standar pelaporan internasional tertentu. Untuk itu, *Ownership Entity* harus terus mengikuti perkembangan standar internasional termasuk *G20/OECD Principles of Corporate Governance, OECD Guidelines for Multinational Enterprises on RBC, UN Guiding Principles on Business and Human Rights, UN Global Compact*, dan *Agenda 2030*. Penggunaan metrik berbasis sains hendaknya didorong, terutama untuk data rencana transisi (misal: pengurangan emisi GRK, hilangnya keanekaragaman hayati). Harmonisasi ini membantu Negara menjalankan perannya sebagai pemilik aktif dengan memungkinkan perbandingan informasi antar-BUMN maupun dengan perusahaan lain.

Banyak yurisdiksi menyarankan materialitas berdasarkan perspektif investor wajar; lainnya menerapkan konsep double materiality. Informasi harus diungkap tepat waktu dan memuat data material historis maupun prospektif sesuai standar pelaporan internasional. BUMN perlu memastikan konsistensi antara laporan keberlanjutan, laporan keuangan, dan informasi korporasi lain. Negara juga harus memberi panduan lokasi pengungkapan misalnya di laporan tahunan utama (*integrated report*) atau terpisah serta ekspektasi publikasi dan aksesibilitas. Pendekatan pelaporan terintegrasi dianjurkan karena menunjukkan keterkaitan strategi perusahaan dengan komitmen pembangunan berkelanjutan.

VII.C.2. Pertimbangkan penerapan bertahap kewajiban assurance tahunan oleh penyedia jasa atestasi independen, kompeten, dan berkualifikasi, sesuai standar internasional berkualitas tinggi.

Assurance independen atas pelaporan keberlanjutan meningkatkan kepercayaan terhadap akurasi dan kualitas data, sehingga memperkuat akuntabilitas BUMN dan Negara di mata publik. Bagi perusahaan, assurance dapat menekan biaya dan risiko hukum; bagi pemegang saham, pemangku kepentingan, dan tenaga kerja, ini memberi kepastian tambahan; bagi Negara, assurance meningkatkan kredibilitas pelaporan dan penilaian risiko serta peluang keberlanjutan dalam portofolio.

Dengan mempertimbangkan ukuran dan kondisi operasional, Negara sebaiknya mengharapkan BUMN memperoleh *limited* atau *reasonable assurance* atas pengungkapan keberlanjutan, dilakukan oleh penyedia independen dan berkualifikasi dengan metodologi yang kuat. Peninjauan sebaiknya berfokus pada kinerja keberlanjutan perusahaan, bukan semata validitas laporan, sambil tetap menjamin kepatuhan hukum. Bila *assurance* penuh atas seluruh data terlalu mahal, penilaian wajib untuk metrik paling relevan misalnya emisi GRK perlu dipertimbangkan. Untuk meningkatkan keyakinan Dewan Komisaris terhadap integritas laporan, Dewan Komisaris dapat meminta auditor internal memberikan *assurance* tambahan atas informasi keberlanjutan.

Pada jangka panjang, tingkat *assurance* pelaporan keberlanjutan sebaiknya semakin mendekati laporan keuangan, termasuk penyelarasan periode pelaporan keduanya.

VII.D. Negara sebagai pemilik harus menetapkan ekspektasi tinggi atas kepatuhan BUMN terhadap standar perilaku bisnis bertanggung jawab (RBC), menyediakan mekanisme implementasi yang efektif, sepenuhnya mengakui tanggung jawab BUMN kepada pemangku kepentingan, serta

meminta BUMN melaporkan hubungan mereka dengan pemangku kepentingan. Ekspektasi pemilik ini harus diumumkan secara jelas dan transparan kepada publik.

BUMN kini beroperasi dalam lanskap hukum dan regulasi RBC yang terus berkembang. Banyak perusahaan telah membuktikan bahwa kepatuhan pada standar etika bisnis menjadi unsur penting dalam menjalankan usaha: selain meminimalkan risiko reputasi dan tampil sebagai "warga korporasi yang baik", RBC juga kian dipandang sebagai elemen inti ekonomi yang berkelanjutan dan tangguh, mendukung hubungan harmonis antara bisnis dan masyarakat serta penciptaan nilai jangka panjang.

Karena itu, BUMN harus mematuhi standar RBC di seluruh operasi bisnis dan rantai pasok meliputi hak asasi manusia, ketenagakerjaan dan hubungan industrial, lingkungan, antikorupsi, kepentingan konsumen, ilmu pengetahuan, teknologi dan inovasi, persaingan, serta perpajakan. Tindakan mereka seyogianya dipandu instrumen internasional relevan, termasuk *OECD Guidelines for Multinational Enterprises on RBC, ILO Declaration on Fundamental Principles and Rights at Work, ILO Tripartite Declaration of Principles Concerning Multinational Enterprises and Social Policy,* dan *UN Guiding Principles on Business and Human Rights*.

Keterlibatan pemangku kepentingan merupakan inti tata kelola perusahaan, ciri utama RBC, sekaligus bagian dari proses uji tuntas. *State Ownership Entity* dan BUMN harus mengakui pentingnya relasi dengan pemangku kepentingan tenaga kerja, kreditur, pelanggan, pemasok, dan komunitas terdampak untuk membangun perusahaan yang berkelanjutan, sehat secara finansial, dan bertanggung jawab. Relasi ini makin krusial bagi BUMN yang diberi tujuan kebijakan publik, karena operasi mereka berdampak vital pada pembangunan makroekonomi dan kehidupan masyarakat setempat. Investor pun semakin mempertimbangkan isu pemangku kepentingan dan risiko litigasi terkaitnya dalam keputusan investasi.

Oleh sebab itu, BUMN perlu melaporkan isu pemangku kepentingan guna menunjukkan komitmen transparansi dan kemitraan. Laporan dapat berupa pembaruan bagi pemangku kepentingan proyek, laporan kegiatan & hasil pelibatan pemangku kepentingan, dan sebagainya baik dalam laporan korporasi maupun dokumen terpisah.

Secara khusus:

VII.D.1. Pemerintah, *State Ownership Entity*, dan BUMN harus mengakui serta menghormati hak pemangku kepentingan yang ditetapkan oleh hukum atau perjanjian bersama. Jika hak dilanggar, tenaga kerja dan pemangku kepentingan lain harus dapat memperoleh pemulihan efektif dengan biaya wajar dan tanpa penundaan berlebihan.

Sebagai pemegang saham dominan, Negara dapat mengendalikan keputusan perusahaan dan tanpa mekanisme perlindungan merugikan pemangku kepentingan. Karena itu, perlu kebijakan jelas untuk melindungi hak tenaga kerja, komunitas terdampak, dan pemangku kepentingan lain.

Hak pemangku kepentingan sebagian besar ditetapkan oleh hukum (ketenagakerjaan, lingkungan, kepailitan, dsb.) atau kontrak yang wajib dihormati. Untuk pengambilan keputusan efektif, perusahaan juga perlu mempertimbangkan pemangku kepentingan non-kontraktual agar isu penting tidak terlewat dalam kebijakan keberlanjutan dan pelaporannya.

Kerangka hukum harus transparan dan memungkinkan pemangku kepentingan menyampaikan keluhan serta memperoleh pemulihan secara cepat dan terjangkau. Pelapor pelanggaran (*whistleblower*) terkait sosial, lingkungan, korupsi, atau HAM baik terhadap Negara maupun BUMN harus dilindungi.

Beberapa yurisdiksi memberi hak khusus pada pemangku kepentingan, misalnya perwakilan pekerja di Dewan Komisaris BUMN. Hak-hak ini harus eksplisit, namun kewenangan pengambilan keputusan tetap pada RUPS dan Dewan Komisaris. Untuk mendorong kerja sama jangka panjang yang menciptakan nilai, pemangku kepentingan (termasuk tenaga kerja dan komunitas terdampak) harus memperoleh informasi relevan yang cukup, andal, dan tepat waktu guna menegakkan hak termasuk hak atas pemulihan. Karyawan juga harus bebas menyampaikan kekhawatiran bona fide terkait praktik ilegal/etis kepada Dewan Komisaris tanpa risiko pembalasan.

VII.D.2. BUMN harus mengembangkan dan mendorong pelibatan pemangku kepentingan yang bermakna guna mendukung keberlanjutan dan memastikan transisi yang adil, terutama bagi kelompok yang berkepentingan atau terdampak aktivitas perusahaan.

Dialog kontinu dengan pemangku kepentingan harus memandu keputusan manajemen dan tercermin dalam strategi bisnis. Pelibatan ini mendukung just transition transisi menuju ekonomi hijau secara adil dan inklusif dengan melindungi hak serta penghidupan pekerja. Dialog tersebut penting terutama saat keputusan keberlanjutan memerlukan pengeluaran jangka pendek demi manfaat jangka panjang.

Platform dialog harus disediakan sesuai hukum/regulasi. Pelibatan yang “bermakna” berarti proses interaktif dua-arah, dilandasi itikad baik, dan responsif terhadap masukan pemangku kepentingan (ada tindak lanjut nyata).

Agar efektif, pelibatan harus tepat waktu, mudah diakses, sesuai, dan aman. Perusahaan perlu menghapus hambatan yang menghalangi partisipasi kelompok rentan. Diperlukan mekanisme pelaporan anonim pelanggaran hukum. Kebijakan whistleblowing rahasia dengan prosedur dan perlindungan (*safe harbour*) harus ada memberi akses langsung ke anggota Dewan Komisaris independen (misal: komite audit/etika) atau ombudsman.

Jika tak ada tindakan perbaikan atau terdapat risiko balasan, pekerja dan pemangku kepentingan lain dianjurkan melapor bona fide ke otoritas berwenang. Banyak yurisdiksi juga memungkinkan pengaduan ke *National Contact Point OECD* untuk RBC. Perusahaan dilarang melakukan tindakan diskriminatif/discipliner terhadap pelapor.

VII.D.3. Mekanisme partisipasi karyawan harus diperkenankan berkembang. Jika karyawan atau pemangku kepentingan lain berpartisipasi dalam proses tata kelola, mereka harus memperoleh informasi relevan yang cukup, andal, dan tepat waktu.

Tingkat partisipasi karyawan bervariasi menurut hukum nasional dan praktik BUMN. Mekanisme tersebut perwakilan karyawan di Dewan Komisaris, serikat pekerja, perundingan kolektif, Dewan Komisaris pekerja, dsb. dapat memberi manfaat langsung dengan mendorong investasi pekerja dalam keahlian spesifik perusahaan. Konvensi dan norma internasional mengakui hak karyawan atas informasi, konsultasi, dan negosiasi.

Skema peningkat kinerja seperti *employee stock ownership plans*, bagi hasil, atau komitmen pensiun juga jamak ditemui dan membentuk hubungan jangka panjang perusahaan–karyawan.

VII.D.4. *State Ownership Entity* dan BUMN harus menjamin standar integritas tinggi di sektor BUMN dan mencegah penggunaan BUMN sebagai sarana pendanaan politik, patronase, atau pemerkayaan pribadi/kelompok terafiliasi.

Kepemilikan Negara banyak terkonsentrasi pada sektor berisiko tinggi (industri ekstraktif, infrastruktur) yang melibatkan konsesi bernilai besar dan proyek pengadaan publik. Kondisi ini menjadikan BUMN rentan korupsi dan eksploitasi untuk pendanaan politik, patronase, atau pemerkayaan pribadi. Biaya korupsi di sektor BUMN merugikan keuangan publik dan merusak kepercayaan masyarakat.

Negara harus melarang penggunaan BUMN untuk membiayai aktivitas politik atau kampanye serta mewajibkan kepatuhan hukum lobi (misal: pencatatan pertemuan). Langkah pencegahan harus mencakup area berisiko tinggi lain pengadaan barang/jasa, remunerasi Dewan Komisaris & eksekutif, konflik kepentingan, jamuan & hiburan, donasi amal & sponsor, hadiah, favoritisme, nepotisme/kolusi, pembayaran pelicin, pemerasan.

Negara dan BUMN didorong menerapkan *OECD Guidelines on Anti-Corruption and Integrity in State-Owned Enterprises* secara maksimal sebagai pelengkap pedoman ini.

www.ingramcontent.com/pod-product-compliance
Ingram Content Group UK Ltd.
Pitfield, Milton Keynes, MK11 3LW, UK
UKHW051643031026
15588UKWH00007B/1302

9 789264 787292